W0316886

Berlin

ExpressMap

Une ville de contrastes

L'histoire de la capitale allemande, en tant qu'une ville divisée, se reflète dans son architecture et son caractère multiculturel. De nombreux immigrés, avec leurs coutumes et traditions, ajoutent également la variété unique à ce décor.

Cette diversification actuelle, la capitale allemande la doit en particulier à la réforme administrative de 1920, année de l'intégration à Berlin des sept villes voisines et de dizaines de villages ou propriétés foncières. Ainsi, chaque quartier a sa propre ambiance et raconte une histoire différente. Le Berlin divisé d'après 1945 ressentit la nécessité de créer des institutions municipales, politiques et culturelles différentes et propres à chaque zone – alliée et soviétique. Deux centres-villes se développèrent. Dans la partie orientale de Berlin, ce rôle fut assuré par Alexanderplatz, l'île des Musées et l'avenue Unter den Linden. À Berlin-Ouest, où les centres de pouvoir n'étaient pas concentrés en un seul endroit, la vie

culturelle, commerciale et nocturne s'est regroupée autour de Breitscheidplatz et Kurfürstendamm. Les conséquences de cette division sont encore visibles aujourd'hui.

Le quartier de la communauté multinationale, Kreuzberg, dont près d'un tiers de la population sont des immigrés en provenance notamment de Turquie, reste un élément caractéristique de la ville. Berlin totalise 3,4 millions d'habitants. Les citoyens turcs sont la minorité la plus fortement représentée, suivie par les Polonais et les ressortissants de l'ex-Union soviétique. La multiplicité ethnique de Berlin est particulièrement à l'honneur lors du Carnaval des cultures, un spectacle fabuleux qui se déroule dans les rues du quartier-mosaïque de Kreuzberg. L'ouverture, la tolérance et l'atmosphère de liberté créatrice, auxquelles Berlin doit son qualificatif de ville « multikulti », attirent les artistes dans la capitale allemande. Berlin accueille de nombreux festivals et manifestations : la foire musicale Popkomm, la Berlinale (festival international du film), etc. À l'origine, de nombreux événements s'organisaient dans les centres culturels tels qu'Acud (www.acud.de) ou RAW-Tempel (www.raw-tempel.de), fondés comme des communautés d'art après la réunification de la ville en 1990.

Les Allemands aiment se divertir et passer du temps en ville : dans les clubs et discothèques, dans les bars à cocktails en vogue ou dans les jardins à bière traditionnels qui s'installent en été au bord de la Spree. Cette rivière principale de Berlin, tout comme la Havel, possède une vaste infrastructure côtière, offrant de bonnes conditions pour les sports nautiques et les promenades attractives en bateau.

Ingo
29.12.12
Nina
29.12.12
Gilles KNIPPER
17.04.2014
Ruth
Pulido
Mexiko
2014

Une ville, deux mondes

Divisée par le Mur, Berlin évolua pendant 28 ans dans une réalité artificielle. D'un côté, la démocratie et le capitalisme, de l'autre, le communisme et l'économie centralisée.

La chute d'Adolf Hitler en 1945 laissa Berlin en ruine. De nouvelles forces politiques décidèrent de la division de l'Allemagne en zones contrôlées par quatre pays, la ville étant elle-même divisée en secteurs d'occupation. La partie est, contrôlée par l'Union soviétique, devint en 1949 la capitale de la République démocratique allemande. Les autres secteurs (américain, britannique et français) formèrent l'enclave de la République fédérale d'Allemagne, le Berlin-Ouest (West-Berlin). Le Mur, en plaques de béton, faisant partie des installations de sécurité aux frontières des années 1961-1989, devint le symbole de la division.

Pendant les premières heures suivant l'érection du Mur, dans la nuit du 12 au 13 août 1961, il était encore relativement facile de passer de l'autre côté. Les parents, les amis et les amoureux recherchaient les failles pour contourner les dispositifs de sécurité. Lorsque les pires hypothèses des Berlinois se sont confirmées, de nombreuses personnes, dans un mouvement de panique, décidèrent de fuir vers l'Ouest. Dans la partie nord de la ville, on pouvait entrer par l'arrière du bâtiment, du côté de Berlin-Est, et sortir par les fenêtres de sa façade, directement sur le pavé du secteur français. Ce n'est que plus tard que l'on commença à murer les portes et les fenêtres, déplacer les habitants et démolir des bâtiments situés sur la frontière. Toute tentative d'évasion à l'Ouest était punie de la peine de mort. Selon diverses sources, du 13 août 1961 au 9 novembre 1989, plus de 140 personnes périrent.

Pour entrer sur le territoire de Berlin-Ouest sans visa, il fallut attendre la soirée du 9 novembre 1989. Nombreux furent ceux qui ne voulurent pas attendre pour vérifier ce communiqué et se précipitèrent vers la frontière. Les gardes cédèrent sous la pression populaire et enlevèrent les barrières, libérant le passage. Ce fut le premier pas vers l'unification des deux États allemands. Officiellement, le processus prit fin le 3 octobre 1990. Encore aujourd'hui, on peut voir les fragments du Mur et d'autres installations de sécurité frontalière.

Métropole culturelle

Berlin est une véritable galerie d'art en plein air : outre les musées classiques, il y a aussi le street art – ce moyen d'expression artistique moderne, dont Berlin est devenue la Mecque.

La galerie la plus célèbre est la East Side Gallery, située sur la plus longue section du mur de Berlin. À Artpark Tegel, s'exposent les peintures murales les plus hautes, qui décorent huit grands bâtiments. On peut également participer aux tours du street art à pied et à vélo. Berlin est la ville de l'art moderne, qui peut être admiré surtout à la Hamburger Bahnhof. Le bâtiment de l'ancienne gare accueille l'une des meilleures expositions. Le musée URBAN NATION sur la Bülowstraße, quant à lui, est un mariage réussi de l'art moderne et du street art. Le bâtiment lui-même est une œuvre d'art,

avec sa façade changeante. Une promenade autour du musée est aussi un vrai régal pour les yeux.

Outre les formes d'expression modernes, Berlin abrite de nombreux musées importants sur la scène européenne. L'Île aux Musées est l'un des complexes muséaux les plus visités au monde. On peut y voir cinq musées et admirer de véritables trésors, dont le célèbre buste de la belle reine Néfertiti.

L'Île abrite aussi le Forum Humboldt récemment ouvert, qui abrite, entre autres, le musée ethnologique et celui d'art asiatique. La partie moderne du bâtiment contraste avec sa façade classique. Le musée juif attire par son aspect moderne à l'extérieur comme à l'intérieur. Dans l'un de ses bâtiments se trouve une exposition extraordinaire pour les enfants.

En octobre, les façades des monuments les plus célèbres sont animés par des jeux lumières et de sons. Pendant la Fête des Lumières (Festival of Lights), les bâtiments deviennent une toile vivante. Il faut voir notamment la Bebelplatz et la Potsdamer Platz.

Le premier dimanche du mois est le dimanche des musées – l'entrée dans la plupart des établissements est gratuite. De plus, il existe un Museum Pass : pour 29 € (14,50 €) on peut visiter 30 musées pendant 3 jours. Il vaut également la peine de visiter Berlin le dernier samedi d'août, lors de la longue nuit des musées.

Des idées shopping

La diversité de l'offre berlinoise – des boutiques de luxe et petits magasins extravagants aux bazars bon marché – comblera chacun, quels que soient ses goûts et son budget.

Les principales rues de Berlin-Ouest – Kurfürstendamm – et de Berlin-Est – Unter den Linden et Friedrichstraße – sont un paradis pour les accros du shopping. Ku'damm, ou Kurfürstendamm, est la zone des magasins élégants de marque. Les meilleurs designers du monde y ont leurs filiales. L'atmosphère qui y règne est toutefois exempte de snobisme. Le point culminant de ce marathon du shopping à Ku'damm peut être une visite au KaDeWe, le célèbre centre commercial berlinois.

Après la chute du mur de Berlin, une partie des boutiques de luxe de Berlin-Ouest emménagea à Berlin-Est, dans la Friedrichstraße. Quant aux quartiers 205, 206 et 207, ils abritent des galeries originales avec des boutiques

de luxe, incluant les Galeries Lafayette. Les banques et les immeubles de bureaux ne manquent pas non plus.

Les meilleures adresses shopping à Kreuzberg sont situées autour de Bergmannstraße, Oranienstraße et Wienerstraße. Des boutiques, petites et grandes, des magasins de vêtements d'occasion, de disques et d'antiquités accueillent les touristes et les Berlinois aux goûts plus exigeants. En dehors des commerces, les rues regorgent de bons bistrots et de restaurants conviviaux. Prenzlauer Berg accueille de nombreuses boutiques intéressantes. Ce quartier est connu pour ses résidents : jeunes et créatifs. Tout comme le sont les magasins situés dans les Kastanienallee, Pappelallee, Eberswelder Straße, Danziger Straße et Stargarder Straße.

Les Berlinois adorent aller au marché. Y faire ses achats a un caractère plus intime, c'est une occasion de rencontrer des amis, de renforcer son sentiment d'appartenance au quartier. Un large éventail de marchandises donne la possibilité de joindre l'utile à l'agréable : achats en plein air et visite de la ville. Chaque quartier a sa petite place centrale où, deux fois par semaine, on peut se procurer de la viande fraîche, des fleurs et des vêtements. Les marchés aux puces sont tout aussi populaires. Les plus intéressants se tiennent le week-end dans la Straße des 17. Juni (Charlottenburg) et sur la Arkonaplatz (Prenzlauer Berg, www.troedelmarkt-arkonaplatz.de).

Cuisine berlinoise

Berlin ravira tous les palais. Les plats traditionnels du bord de la Sprée sont parfaits pour les amateurs de viande et des repas riches. Les gourmands y trouveront des saveurs intéressantes venues du monde entier.

Si le plat préféré des Berlinois reste la Berliner Currywurst (saucisse à la sauce tomate saupoudrée de curry), vendue dans les fast-foods (*Imbiss*), elle ne manque pas de concurrents, comme la Bulette (sorte d'escalope hachée), les kebabs ou les hamburgers. Le kebab classique sous forme de pain pita garni de viande est toujours populaire. Une version pratique « à emporter » est le Dürüm Döner, enroulé dans une galette turque. Pour les végétariens, les falafels venus du Moyen-Orient (boulettes de houmous panées servies avec de la salade dans un pain pita), sont une alternative particulièrement populaire.

La cuisine de la région de Berlin-Brandebourg est riche et largement basée sur la viande. Les classiques berlinois comprennent le jarret de porc (Eisbein), le fromage de tête (Berliner Sülze) et l'anguille (Grüner Aal). Deux tendances dominent la scène gastronomique berlinoise : « international und kreativ », qui doit allier plaisir des yeux et légèreté, et la « neue deutsche Küche », littéralement la nouvelle cuisine allemande, qui revisite la base traditionnelle (jarret de porc, escalope hachée, canard, longe de porc, poisson d'eau douce) en la « dégraissant » et l'enrichissant de légers ajouts méditerranéens. Suivant la tendance générale, de nombreux restaurants traditionnels proposent de la viande issue de la production biologique estampillée Bio-Stempel, un label dans lequel les Allemands ont une confiance illimitée.

Les végétariens ne sont pas oubliés. Les restaurants indiens, tibétains et thaïlandais, par exemple, proposent un large choix de plats sans viande. Le caractère multiethnique de la capitale allemande se reflète dans la richesse de l'offre gastronomique. Chaque goût, et surtout, chaque budget y est pris en compte.

La boisson préférée des Berlinois est la bière. Il faut impérativement la goûter dans les jardins à bière, ouverts aux clients d'avril à septembre. Cette boisson populaire est généralement servie avec des bretzels. De petites brasseries proposant de la bière artisanale sont ouvertes toute l'année.

Les incontournables

Les sites incontournables de Berlin sont la meilleure illustration de sa diversité : des musées fascinants, une tour de télévision avec un restaurant à son sommet ou encore un mur décoré de graffitis. Que choisir ?

★ Tour de télévision ➲18

Un symbole de la ville, affectueusement appelé par les Berlinois « Télé-asperge ». En sirotant un café dans le restaurant perché à 207 m, on peut sadmirer le panorama offert sur Berlin.

★ Île des Musées ➲21

Un véritable trésor de la culture. Le buste de Néfertiti, l'autel de Zeus de Pergame, les tableaux des peintres romantiques allemands et des impressionnistes français – de l'art à vous donner le vertige.

★ Unter den Linden ➲23

Le boulevard le plus visité de Berlin. L'avenue « sous les tilleuls » de 1,6 km de long mène de Schloßbrücke à la porte de Brandebourg de style néoclassique.

★ Reichstag ➲28

Le siège du parlement allemand. En empruntant la rampe en spirale, on peut monter au sommet de la coupole en verre, qui offre une vue sur le Berlin unifié.

★ Checkpoint Charlie ➲48

Le légendaire point de passage. Lieu d'évasions spectaculaires à l'Ouest, il est l'un des souvenirs les plus marquants de l'ancienne division de la ville.

★ Kulturforum ➲56

Ce centre culturel est un régal pour tout mélomane, bibliophile et amateur d'art, et le seul endroit à Berlin où l'on peut voir le violon d'Antonio Stradivari ou les œuvres de Rubens et du Caravage.

★ Tiergarten ➲57

Le centre vert de la ville, lieu de promenade préféré des Berlinois et des touristes. Ses ponts, lanternes historiques et jardins thématiques lui donnent beaucoup de charme.

★ Château de Charlottenburg ➲61

Le chef-d'œuvre de l'architecture baroque berlinoise, la résidence des Hohenzollern construite au XVIIe s. est entourée d'un vaste parc qui a conservé en grande partie son style à la française.

★ Hackesche Höfe ➲68

Les cours berlinoises les plus célèbres. Les maisons qui les entourent abritent des galeries d'art, des cafés et des boutiques proposant des collections d'auteurs.

★ East Side Gallery ➲80

Un manifeste politique d'artistes du Berlin réuni. Sur un pan original du mur de Berlin (1316e m), on voit p. ex. le baiser entre Brejnev et Honecker, reproduit à l'aide d'une peinture aérosol.

★ Musée allemand des techniques ➲88

Le premier ordinateur du monde, des avions et des locomotives insolites : tout le progrès technique à portée de main.

★ Vieille ville de Spandau ➲97

Une ville dans la ville. À ne pas manquer : ses ruelles étroites et ses bâtiments pittoresques pour se plonger dans l'ambiance de la cité médiévale de Spandau.

Mitte

Pour découvrir Berlin, il est recommandé de commencer par le cœur historique de la ville. En transformation continue, le quartier de Mitte est une chronique de l'histoire de la capitale allemande.

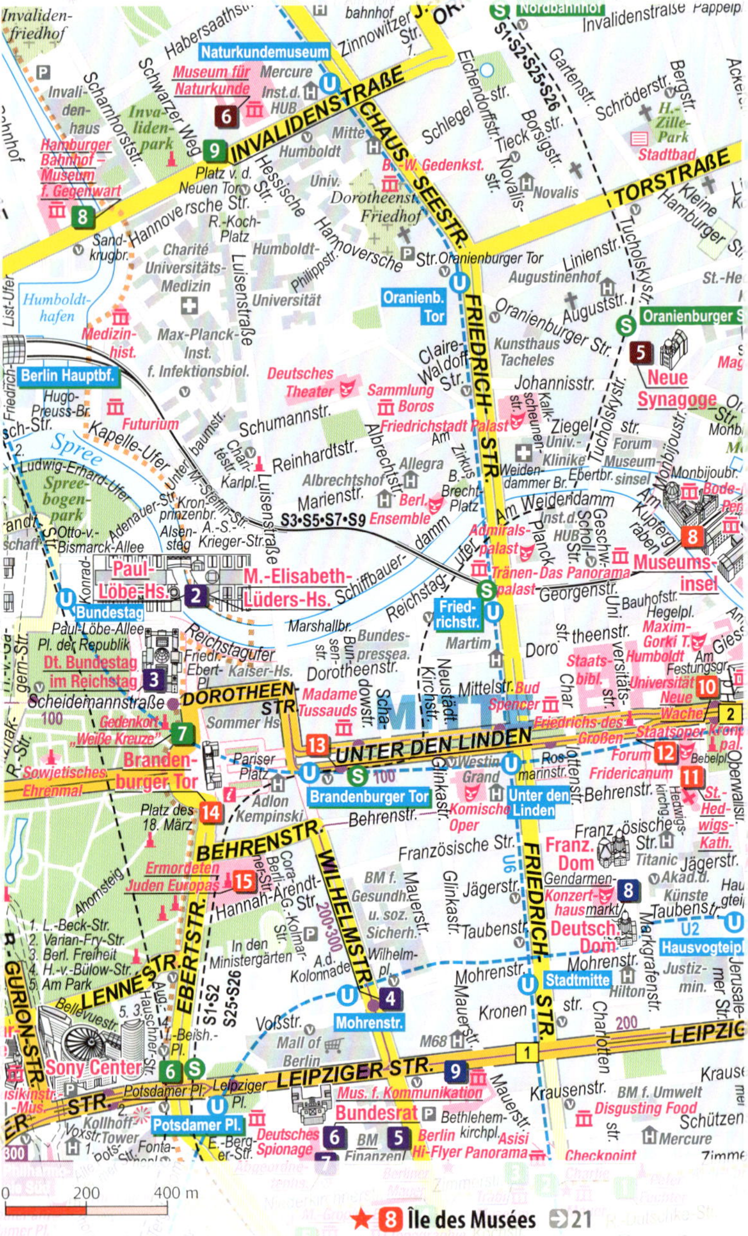

★ 8 Île des Musées ➲ 21

1 Alexanderplatz ➲ 18

★ 2 Tour de télévision ➲ 18

3 Marienkirche ➲ 19

4 Berliner Rathaus ➲ 19

5 Musée de la RDA ➲ 20

6 Cathédrale de Berlin ➲ 20

7 Forum Humboldt ➲ 21

9 Musée de l'Histoire allemande ➲ 22

10 Nouvelle Garde ➲ 22

11 Cathédrale Sainte-Edwige ➲ 22

12 Staatsoper ➲ 23

★ 13 Unter den Linden ➲ 23

14 Porte de Brandebourg ➲ 24

15 Mémorial de l'Holocauste ➲ 24

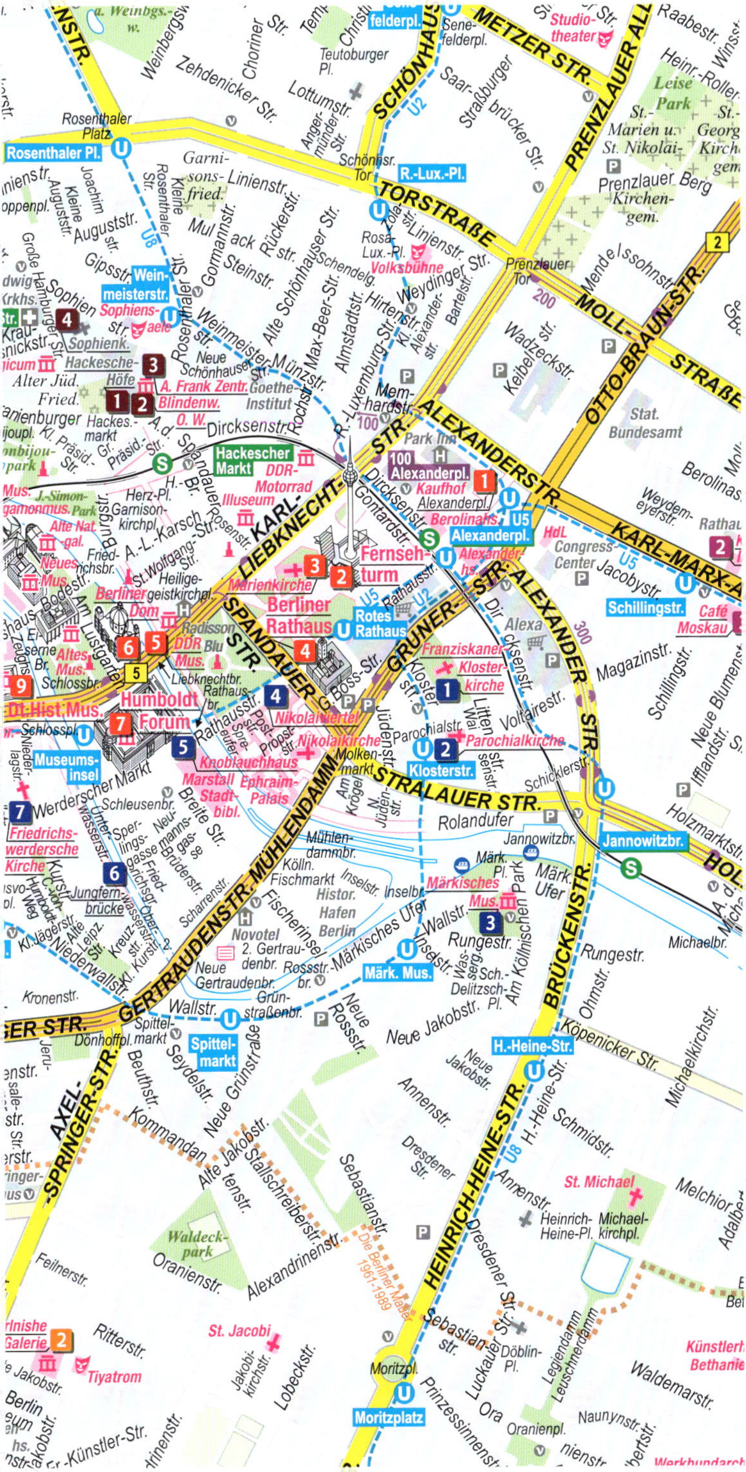
Metzer Str.
Prenzlauer Allee
Torstraße
Rosenthaler Pl.
Rosenthaler Platz
Zehdenicker Str.
Choriner Str.
Weinbergsw.
Teutoburger Pl.
Lottumstr.
Schönhauser Allee
Saarbrücker Str.
Straßburger Str.
Studio-theater
Senefelderpl.
Raabestr.
Heinr.-Roller-Str.
Leise Park
St.-Marien u. St. Nikolai-Kirchhof
St.-Georg Kirchhof
Prenzlauer Berg
Schönhsr. Tor
R.-Lux.-Pl.
Rosa-Lux.-Pl.
Volksbühne
Linienstr.
Garnisons-fried.
Joachimstr.
Auguststr.
Gipsstr.
Weinmeisterstr.
Sophienstr.
Sophiensaele
Sophienk.
Hackesche Höfe
A. Frank Zentr.
Blindenw. O. W.
Hackescher Markt
Dircksenstr.
Goethe-Institut
Münzstr.
Alte Schönhauser Str.
Max-Beer-Str.
Almstadtstr.
Hirtenstr.
Weydinger Str.
Mollstraße
Otto-Braun-Str.
Prenzlauer Tor
Mendelssohnstr.
Wadzeckstr.
Keibelstr.
Memhardstr.
Park Inn
Alexanderpl.
Alexanderstr.
Kaufhof
Berolinahs.
Stat. Bundesamt
Berolinastr.
Karl-Marx-Allee
Congress-Center
HdL
Jacobystr.
Schillingstr.
Café Moskau
Karl-Liebknecht-Str.
Fernsehturm
Marienkirche
Berliner Rathaus
Rotes Rathaus
DDR-Motorrad Museum
Berliner Dom
Lustgarten
Altes Mus.
Neues Mus.
Alte Nat.-gal.
Bodestr.
Radisson Blu
DDR Mus.
Humboldt Forum
Dt. Hist. Mus.
Schlosspl.
Museumsinsel
Spandauer Str.
Nikolaiviertel
Nikolaikirche
Knoblauchhaus
Marstall Stadtbibl.
Ephraim-Palais
Grunerstr.
Franziskaner-Klosterkirche
Parochialkirche
Parochialstr.
Klosterstr.
Littenstr.
Voltairestr.
Alexa
Magazinstr.
Stralauer Str.
Mühlendamm
Molkenmarkt
Rolandufer
Jannowitzbr.
Holzmarktstr.
Werderscher Markt
Schleusenbr.
Friedrichswerdersche Kirche
Jungfernbrücke
Breite Str.
Brüderstr.
Scharrenstr.
Fischerinsel
Gertraudenstr.
Novotel
Mühlendammbr.
Fischmarkt
Hist. Hafen Berlin
Inselstr.
Märkisches Mus.
Märkisches Ufer
Wallstr.
Rungestr.
Am Köllnischen Park
Brückenstr.
Märk. Mus.
Michaelbr.
Ohmstr.
Köpenicker Str.
Michaelkirchstr.
H.-Heine-Str.
Heinrich-Heine-Str.
Neue Jakobstr.
Neue Rossstr.
Spittelmarkt
Axel-Springer-Str.
Leipziger Str.
Kommandantenstr.
Alte Jakobstr.
Stallschreiberstr.
Beuthstr.
Seydelstr.
Neue Grünstraße
Sebastianstr.
Dresdener Str.
Annenstr.
Schmidstr.
St. Michael
Heinrich-Heine-Pl.
Michaelkirchpl.
Melchiorstr.
Waldeckpark
Oranienstr.
Alexandrinenstr.
Die Berliner Mauer 1961–1989
Feilnerstr.
Berlinische Galerie
Tiyatrom
Ritterstr.
St. Jacobi
Jakobikirchstr.
Lobeckstr.
Moritzpl.
Moritzplatz
Prinzessinnenstr.
Luckauer Str.
Döblin-Pl.
Legiendamm
Leuschnerdamm
Oranienpl.
Naunynstr.
Waldemarstr.
Künstlerh. Bethanien
E.-T.-A.-Hoffmann-Str.

L'horloge universelle Urania de 1969 est un point de repère emblématique.

1 Alexanderplatz

À l'origine, « Alex » était un marché situé en dehors des murs de la ville. La place fut ainsi nommée en l'honneur du tsar Alexandre Ier, en visite à Berlin en 1805.

L'importance de la place s'accroît au tournant des XIXe et XXe s., après l'ouverture de la gare ferroviaire, suivie de l'apparition de trains urbains et du métro. Après 1945, les autorités de la RDA décidèrent de ne pas reconstituer sa structure d'origine.

Seuls deux immeubles de bureaux de huit étages, Berolina Haus et Alexander Haus, tous deux protégés au titre des monuments classés, ont été préservés de la période d'avant-guerre. Construit en 1970, un gratte-ciel hôtelier d'une hauteur de 125 m, dont les façades ont été rénovées il y a une dizaine d'années, est également indemne. C'est à ce jour la plus haute construction de ce type en Allemagne. Sur la place Alexandre et dans ses environs immédiats, cinq autres gratte-ciels sont en cours de réalisation. Ils abriteront des bureaux, des appartements de luxe, des services et des commerces. Ils ne doivent pas excéder 130 m de hauteur, afin de ne pas dépasser l'hôtel et la tour de télévision.

2 Tour de télévision ★

Fernsehturm est la plus haute construction d'Allemagne. La terrasse d'observation située à 203 m offre une vue splendide sur la ville.

Au moment de l'achèvement des travaux en 1969, la Tour de télévision de Berlin était la deuxième plus haute construction en Europe. Le projet a été élaboré par un groupe d'architectes et la sphère ppourrait s'inspirer de croquis d'Hermann Henselmann. Il reflète la fascination de l'époque pour la conquête spatiale soviétique et le lancement du premier satellite, Spoutnik, en 1957. La tour devint vite une attraction touristique et une source de fierté et de ravissement des autorités pour les réalisations technologiques est-allemandes. Les touristes peuvent monter sur la terrasse d'observation par deux ascenseurs. Pendant les 40 secondes de la montée, le personnel qui actionne l'engin les renseigne sur le site.

Panoramastraße 1a
@ tv-turm.de t.l.j. mars-oct. 9h-23h, nov.-fév. 10h-22h
€ à partir de 25,50 € (de 15,50 €)

Grâce aux lunettes VR, on découvre à quoi pouvait ressembler le centre de Berlin dans le passé. La réalité virtuelle nous emmène du Moyen Âge, en passant par le XVe s. et la construction du château de Berlin, jusqu'à la chute du mur de Berlin. Le voyage se termine à l'époque moderne sous la tour de télévision. Des lunettes peuvent être empruntées aux guichets situés dans le hall (Berlin's Odyssey, 8,50 €/6,50 €).

3 Marienkirche

L'édifice renferme des œuvres d'art transférées des églises détruites pendant la Seconde Guerre mondiale. La peinture murale médiévale *La danse macabre* retient l'attention.

Cet ouvrage, réalisé probablement après l'épidémie de peste survenue vers 1470, fut découvert par hasard lors de la rénovation de 1861. Sur la fresque de 22 m de longueur, l'artiste anonyme représenta des clercs et des laïcs avec une allégorie de la mort, devant laquelle nous sommes tous égaux. Le texte sous le tableau est le plus ancien échantillon de littérature qui subsiste à Berlin. L'aspect actuel de l'église Sainte-Marie remonte au XVe s., lorsque l'on bâtit la tour du côté ouest. Le clocheton à son sommet fut conçu au XVIIIe s. par Carl Gotthard Langhans, le constructeur de la porte de Brandebourg.

Karl-Liebknecht-Straße 8
@ www.marienkirche -berlin.de
t.l.j. 10h-18h (hors saison à 16h)
€ entrée gratuite

La Tour de télévision est devenue le symbole de Berlin, souvent utilisé dans les publicités officielles de la ville.

4 Berliner Rathaus

Depuis 1991, l'hôtel de ville est le siège de la mairie du Berlin unifié. L'édifice est appelé « rouge » en raison de la couleur des briques.

Achevé en 1869, le bâtiment présente des similitudes avec les palais de style Renaissance en Italie du Nord, avec la tour de la cathédrale de Laon ou avec la Big Ben londonienne. Signalons les éléments décoratifs de la façade et de la tour, en particulier les reliefs en terre cuite placés autour du bâtiment à hauteur du premier étage. Les 36 tableaux, appelés aussi « la Chronique de pierre », dépeignent des scènes de la vie de la ville depuis sa fondation au XIIIe s. jusqu'en 1871. La tour culminant à 73 m est décorée de statues d'ours, symbole de Berlin.

Rathausstraße 15 lun.-ven. 9h-18h
€ entrée gratuite

La cathédrale de Berlin fut fondée en hommage à la dynastie des Hohenzollern.

5 Musée de la RDA

Le musée présente le quotidien des habitants de l'ex-RDA. Les expositions interactives intéresseront les visiteurs de tous âges.

L'interactivité des expositions et la possibilité de toucher la plupart des objets exposés en font un lieu de visite unique. On peut s'asseoir sur le canapé et regarder des programmes des années 1980, comparer les Levi's avec les jeans produits en RDA, regarder des livres pour enfants sur l'étagère de l'école maternelle ou taper quelques mots sur la machine à écrire Erika. On n'a même pas besoin de permis de conduire pour profiter d'une virée (simulée) en Trabant 601. Les amateurices de selfie pourront s'immortaliser vêtus de tenues d'époque (virtuelles) en polyester. Dans des vitrines dissimulées, en ouvrant le frigo, les placards ou le couvercle de la machine à laver, les visiteurs découvriront des photos, infographies etc. Au total, plus de 30 sujets de la vie familiale et sociale des citoyens de la RDA sont abordés dans le musée. Qu'est-ce qu'ils emportaient en vacances ? Dans quoi servaient-ils les œufs ? Quelle musique écoutaient-ils, avec quel appareil prenaient-ils des photos ? Quels portraits figuraient dans les salles de classe et les bureaux ? Ici, les réponses devancent les questions.

Karl-Liebknecht-Straße 1
www.ddr-museum.de
t.l.j. 9h-21h € 12,50 € (7 €)

6 Cathédrale de Berlin

Le plus grand édifice religieux de Berlin attire les touristes par son intérieur somptueux et sa terrasse d'observation.

Ce bâtiment majestueux fut érigé sous le règne de Guillaume II (1888-1918), connu pour son amour des constructions imposantes. Berliner Dom de style néorenaissance devait être un hommage à la dynastie des Hohenzollern, et le plus important temple protestant du pays (elle l'est toujours). Les travaux furent achevés en 1905 ; dans les intérieurs, on conserva quelques éléments de la cathédrale précédente, p. ex. le maître-autel de 1850. Signalons l'orgue impressionnant qui, à sa création, était le plus grand instrument jamais construit dans le pays. Une promenade autour du dôme de

Le Forum Humboldt attire les amateurs d'art, de culture et de science.

la cathédrale est un must. Celui-ci offre une vue imprenable sur l'île des Musées. Il est également intéressant de visiter la crypte des Hohenzollern, qui abrite environ cent sarcophages de membres de la famille.

Am Lustgarten 1
www.berliner-dom.de
avr.-sept. lun.-ven. 9h-20h, sam. 9h-17h dim. 12h-20h ; oct.-mars lun.-ven. 9h-19h, sam. 9h-17h, dim. 12h-19h
10€ (7,50€)
concerts de musique classique (à partir de 25€)

7 Forum Humboldt

Le palais reconstruit est un lieu ouvert à tous, consacré à l'art, à la culture et à la science. Dédié au voyageur et explorateur Alexander von Humboldt.

C'est le siège entre autres du musée ethnologique et du musée d'art asiatique, qui y ont été déplacés du quartier de Dahlem. Il y a aussi des salles d'exposition, une terrasse d'observation, des restaurants et des cafés. Des concerts, happenings, conférences et ateliers y sont régulièrement organisés.

Schloßplatz www.humboldt-forum.org mer.-lun. 10h30-18h30 terrasse : 3 € l'entrée à certaines expositions est payante et nécessite une réservation préalable gratuite. Le musée ethnologique et le musée d'art asiatique seront gratuits jusqu'en septembre 2024.

8 Île des Musées ★

Museumsinsel est l'un des complexes muséaux les plus visités au monde. Depuis 1999, il figure sur la liste du patrimoine mondial de l'UNESCO.

Le nombre d'œuvres d'art rassemblées en ce lieu peut donner le vertige. Du côté de Lustgarten se trouve l'Ancien Musée (Altes Museum), derrière lequel se situent l'Ancienne Galerie nationale (Alte Nationalgalerie) et le Nouveau Musée (Neues Museum). Un peu plus loin se dresse l'imposant édifice du musée de Pergame (Pergamonmuseum) à deux ailes et, à l'extrémité de l'île, le musée Bode (Bode-Museum). L'Ancien Musée présente les collections d'art grec et d'art romain ; le Nouveau – d'art égyptien et d'art préhistorique, y compris le célèbre buste de Néfertiti. L'édifice néobaroque du musée Bode

Sur l'avenue Unter den Linden s'élève la statue équestre du roi de Prusse, Frédéric le Grand.

abrite les collections de la sculpture européenne du haut Moyen Âge à la fin du XVIIIe s., des objets numismatiques ainsi que de l'art byzantin. Le musée de Pergame présente l'art ancien du Proche-Orient, de la Grèce et de Rome, incluant le célèbre autel de Pergame (IIe s. av. J.-C.).

@ www.smb.museum, www.museumsinsel-berlin.de ◷ mar.-dim. 10h-18h, Nouveau Musée et musée de Pergame : jeu. à 20h € Ancien Musée, Ancienne Galerie nationale, musée Bode : 10 € (5 €) ; Nouveau Musée, musée de Pergame : 12 € (6 €) ; billet journalier pour les expositions permanentes de l'ensemble du complexe : 19 € (9,50 €) i à partir du 23 octobre, le musée de Pergame sera complètement fermé en raison de travaux de rénovation

9 Musée de l'Histoire allemande

Le Deutsches Historisches Museum est logé dans l'ancien arsenal, qui est un bel exemple du style baroque d'Allemagne du Nord.

Jusqu'en 1876, le bâtiment a servi d'arsenal pour l'armée prussienne. Des armes et des bannières y étaient entreposées. Il a ensuite été transformé en musée militaire et, après la Seconde Guerre mondiale, en Musée de l'Histoire allemande jusqu'en 1990. À l'arrière de l'armurerie il y a un pavillon accueillant des expositions temporaires.

✉ Unter den Linden 2 @ www.dhm.de ◷ ven.-mer. 10h-20h, jeu. 10h-20h € 8 € (4 €) i la rénovation du bâtiment principal durera jusqu'en 2025.

10 Nouvelle Garde

Neue Wache est un mémorial dédié aux victimes de la guerre et de la tyrannie. Le bâtiment lui-même fut construit dans le style classique.

Au milieu de la salle, sous une ouverture ovale aménagée dans le toit, se trouve une reproduction 4 : 1 de la statue de Käthe Kollwitz *La mère avec son fils mort*. L'artiste allemande la réalisa à la fin des années 1930 pour honorer la mémoire de son fils, tué pendant la Première Guerre mondiale.

✉ Unter den Linden 4
◷ t.l.j. 10h-18h
€ entrée gratuite

11 Cathédrale Sainte-Edwige

St. Hedwigs-Kathedrale est le siège de l'évêque catholique de Berlin et compte parmi les édifices religieux les plus importants de la ville.

La cathédrale Sainte-Edwige, érigée sur l'ordre de Frédéric II de Prusse en 1745, fut le premier sanctuaire catholique construit à Berlin après la Réforme. Les travaux, financés par les catholiques de toute l'Europe, durèrent plusieurs années. L'ami du roi Ignacy Krasicki, évêque de Varmie,

Le célèbre boulevard berlinois Unter den Linden est idéal pour une promenade en soirée, surtout pendant la Fête des lumières d'octobre (Festival of Lights).

officia à la consécration de la cathédrale en 1773. À la demande du souverain, le Panthéon de Rome servit de modèle pour la nouvelle église. On dit que lorsque l'on demandait à Frédéric II des précisions sur le projet, celui-ci, après avoir bu du chocolat, retournait une tasse pour illustrer sa vision de manière explicite.

Bebelplatz www.hedwigs-kathedrale.de temporairement fermée

12 Staatsoper

Cet édifice, soigneusement élaboré en 1743, fut le premier théâtre d'Allemagne ne faisant pas partie du palais du souverain.

Avant même la prise du pouvoir en 1740, le jeune héritier du trône, Frédéric II, possédait les plans de construction d'une nouvelle résidence royale, d'un opéra et d'une salle de sport. On édifia l'opéra (Staatsoper) en premier, dans le style d'un temple corinthien. Après un an de travaux, on y joua le premier spectacle. Pour Frédéric II, qui lui-même jouait de la flûte et composait, l'opéra n'était pas seulement un lieu de divertissement, mais aussi une vitrine culturelle de la capitale, fonction que cette institution assure toujours. L'opéra de Berlin a de fidèles adeptes dans le monde entier, grâce à la très haute qualité des productions, du programme et des célébrités présentes.

Unter den Linden 5-7
www.staatsoper-berlin.de

13 Unter den Linden ★

Longue de 1,6 km, l'avenue Unter den Linden est un lieu de prédilection pour les Berlinois et les touristes.

L'histoire de l'avenue remonte au XVe s., mais ce n'est que sous la domination des premiers rois de Prusse que cette rue devint une promenade élegante, bordée des prestigieux palais officiels. Quatre rangées de tilleuls y furent plantés en 1647 sur l'ordre de l'électeur de Brandebourg, Frédéric-Guillaume. Bombardée pendant la Seconde Guerre mondiale, l'avenue a perdu de son éclat. De nos jours, y siègent de nombreuses ambassades, y compris celle de France.

www.unterdenlinden.de

14 Porte de Brandebourg

Brandenburger Tor de style néo-classique est la seule porte de la ville qui subsiste de la douzaine dont disposait Berlin au XIXe s.

Jusqu'à l'abdication de l'empereur en 1918, le passage central était réservé aux membres de la famille régnante, mais Napoléon y parada triomphant en 1806 après la victoire d'Iéna. Outre les richesses, il déroba le quadrige conduit par la déesse de la Paix, qui devint alors le symbole de la honte des Berlinois. La statue ne retrouva sa place qu'en 1814 en tant que déesse de la Victoire.

En 1961, à proximité de la porte, apparurent des installations de sécurité frontalière. Pour un citoyen ordinaire de la RDA, s'approcher de la porte du côté soviétique constituait un danger mortel. Depuis 1990, la porte est un symbole de la ville unifiée. Après la rénovation de 2004, la zone est devenue piétonne.

✉ Pariser Platz ℹ Salle du silence aménagée dans l'aile nord de la porte (entrée gratuite)

Depuis 2002, la porte de Brandebourg apparaît sur les pièces allemandes de 10, 20 et 50 centimes d'euro.

15 Mémorial de l'Holocauste

Le mémorial dédié aux victimes de l'Holocauste fut conçu de façon à marquer les esprits.

Le mémorial aux Juifs assassinés d'Europe (Denkmal für die ermordeten Juden Europas) commémore les 6 millions de victimes de l'Holocauste. Sur la place d'une superficie de près de 19 000 m², l'architecte Peter Eisenman imagina des rangées de blocs de béton (stèles) de différentes hauteurs. Les passages entre les stèles sont si étroits que seule une personne peut s'y déplacer librement. Plus on s'approche du centre, plus les stèles sont hautes. Le centre d'information situé en sous-sol sur le côté est de la place fait partie du monument. C'est une exposition multimédia qui raconte de façon poignante l'histoire des crimes commis contre le peuple juif. Y sont présentées des photos de toute l'Europe, de courtes biographies des victimes et des copies de lettres écrites par elles.

✉ Cora-Berliner-Straße 1
@ www.stiftung-denkmal.de
🕘 centre d'information : avr.-sept. mar.-dim. 10h-20h, oct.-mars mar.-dim. 10h-19h € entrée gratuite

Quartier du Gouvernement

Berlin est une ville « condamnée au devenir éternel et à ne jamais être ». Cette pensée du journaliste et critique d'art Karl Scheffler, prononcée au début du XXe s., reste d'actualité.

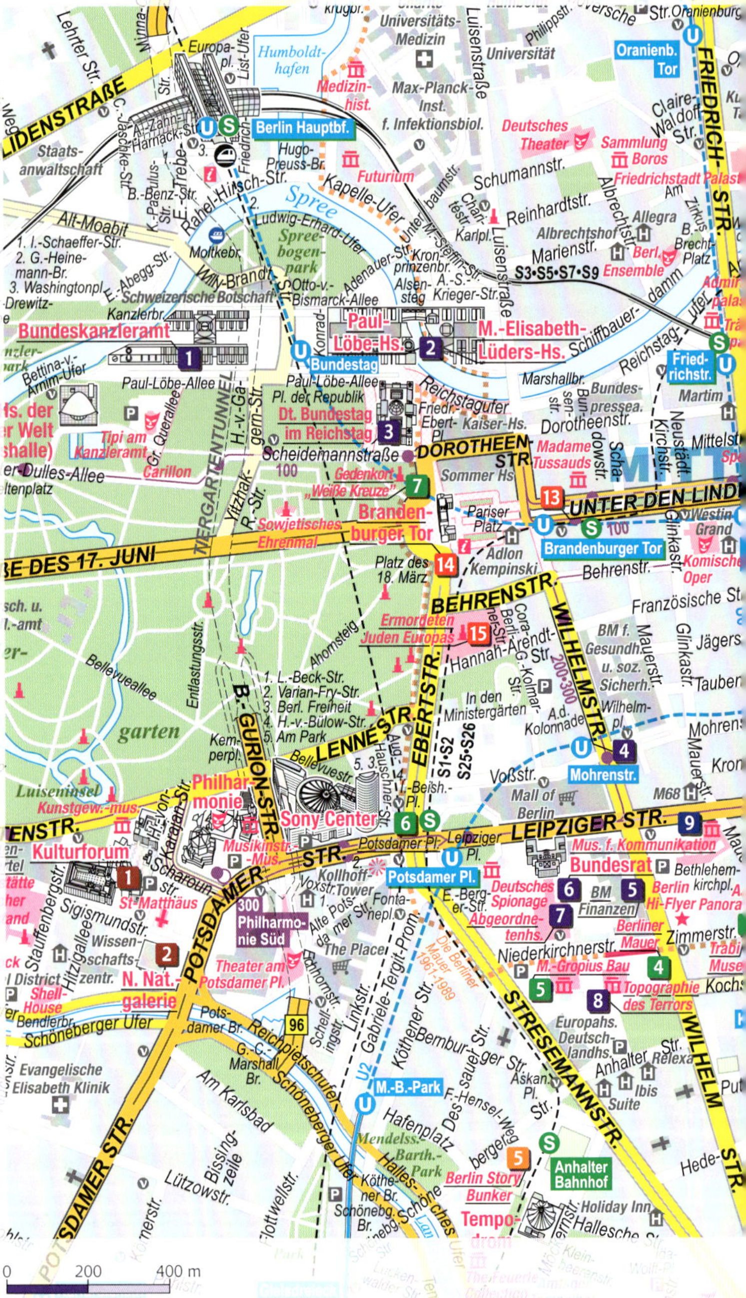

1 Chancellerie fédérale ➲ 27
2 Paul-Löbe-Haus et Marie-Elisabeth-Lüders-Haus ➲ 27
★ 3 Reichstag ➲ 28
4 Wilhelmstraße ➲ 28
5 Ministère des Finances ➲ 29
6 Bundesrat ➲ 29
7 Chambre des députés de Berlin ➲ 30
8 Topographie de la terreur ➲ 30

Les bâtiments Paul-Löbe-Haus et Marie-Elisabeth-Lüders-Haus situés sur les rives de la Spree sont reliés par une passerelle jetée sur la rivière.

1 Chancellerie fédérale

L'édifice du Bundeskanzleramt est un symbole de la stabilité du pouvoir et une vitrine de Berlin ainsi que de toute l'Allemagne unifiée.

La taille du siège du chancelier allemand a surpris non seulement les Berlinois, mais aussi Gerhard Schröder, le premier « locataire » de l'immeuble. L'immense bâtiment en forme de parallélépipède avec ses deux ailes latérales de 200 m et de 335 m est huit fois plus grand que la Maison blanche à Washington. C'est dans l'élégante cour devant l'entrée principale que le chancelier allemand accueille ses invités. Les salles de conférence, de banquet, le bureau du chancelier et du chef de la Chancellerie fédérale se trouvent dans la partie principale du bâtiment. Au dernier étage, il y a un appartement destiné au Chancelier, mais aucun n'y a résidé, car il ne mesure que 28 m^2. La construction d'un bâtiment supplémentaire de l'autre côté de la rivière va bientôt commencer.

✉ Willy-Brandt-Straße 1
@ www.bundeskanzler.de

2 Paul-Löbe-Haus et Marie-Elisabeth-Lüders-Haus

L'emplacement des deux bâtiments gouvernementaux sur les deux rives de la Spree symbolise la frontière entre Berlin-Est et Berlin-Ouest, qui passsait ici jusqu'en 1989.

Paul-Löbe-Haus se fit rapidement connaître comme « l'usine à parlementaires » (Parlamentarismusfabrik). L'édifice accueille en effet 1 000 bureaux et 21 alles des commissions parlementaires. Le bâtiment fut nommé d'après le politicien social-démocrate, Paul Löbe, qui, entre 1920 et 1932, fut le dernier président du Reichstag. Le double pont jeté sur la Spree relie Paul-Löbe-Haus à la bibliothèque parlementaire allemande (Marie-Elisabeth-Lüders-Haus). Cette dernière est l'une de plus grandes bibliothèques au monde. Sa collection compte actuellement environ 1,5 million de volumes, auxquels s'ajoutent, chaque année, 9 000 nouveaux ouvrages. La bibliothèque n'est malheureusement pas publique. Marie-Elizabeth Lüders (1878-1966) était une politicienne du FDP militant pour les droits des femmes.

Le bâtiment du Reichstag est surmonté d'une coupole mesurant 23 m de haut. Les rampes en spirale permettent aux visiteurs d'atteindre son sommet.

En 1995, le couple d'artistes français Christo et Jeanne Claude enveloppe étroitement les murs du bâtiment d'un tissu argenté. En deux semaines, le Reichstag ainsi « emballé » a été vu par plus de 5 millions de personnes. Un politicien a comparé cette action à la tradition catholique de couvrir la croix pendant la Semaine sainte, puis de la montrer aux fidèles lors des célébrations du Vendredi saint. Le dévoilement du Reichstag devait symboliser un retour aux traditions démocratiques.

3 Reichstag ★

Le bâtiment du Reichstag, siège du parlement allemand, est accessible aux touristes. La coupole en verre sur le toit est un point d'observation très fréquenté.

Après la réunification allemande en 1991, les députés approuvèrent le transfert de la capitale, et donc du parlement (Bundestag), de Bonn à Berlin. Aujourd'hui, plusieurs centaines de députés allemands se réunissent dans l'un des bâtiments parlementaires les plus modernes du monde. Le projet de remaniement du Reichstag, construit en 1894, est l'œuvre de l'architecte britannique Norman Foster. De l'édifice d'origine, il ne laissa que les murs extérieurs avec les façades, tout et modernisa entièrement l'intérieur. La coupole haute de 23 m qui surplombe le bâtiment rappelle par sa forme son prédécesseur historique. À la fin du XIXe s., elle symbolisait la suprématie de l'empereur d'Allemagne sur les parlementaires, tandis qu'aujourd'hui ce sont les citoyens ordinaires qui s'y promènent, comme un rappel aux députés que c'est par la volonté du peuple qu'ils occupent leurs sièges.

Platz der Republik 1
@ www.bundestag.de
t.l.j. de 8h à minuit (dernier accès à 22h) € entrée gratuite, sur réservation préalable

4 Wilhelmstraße

Jusqu'à la fin de la Seconde Guerre mondiale, Wilhelmstraße fut dominée par les immeubles de bureaux et les institutions étatiques majeures.

Le nom de la rue – Wilhelmstraße, en l'honneur du roi de Prusse Frédéric-Guillaume Ier (1713-1740) – fut

L'imposant édifice du ministère des Finances (à gauche) contraste avec le bâtiment du XIXe siècle de la Chambre des seigneurs, le Bundesrat (à droite).

pendant longtemps synonyme du quartier du Gouvernement de la Prusse et de l'ensemble du Reich allemand. Avec la prise du pouvoir par Adolf Hitler en 1933, les nationaux-socialistes prirent possession d'édifices situés dans la Wilhelmstraße. C'est là que se trouvait le bunker où le 30 avril 1945 Adolf Hitler et sa compagne Eva Braun se suicidèrent. Actuellement, au coin des rues Gertrud-Kolmar-Straße et In den Ministergärten., on trouve un panneau d'information indiquant l'emplacement exact du bunker. 28 panneaux longent Wilhelmstraße.

5 Ministère des Finances

L'impressionnant bâtiment du Bundesministerium der Finanzen fut construit en un temps record entre 1935 et 1936.

Les façades grises dépourvues d'ornementation de cet immeuble de bureaux en calcaire s'étalent le long de Wilhelmstraße sur 250 m. En 1936, avec ses 2000 locaux conçus autour de sept cours et dix-sept escaliers, c'était le plus grand bâtiment de bureaux à Berlin. L'édifice accueillit jusqu'en 1945 le bureau d'Hermann Göring le ministre de l'Aviation du IIIe Reich, qui déclara en août 1939 : « Si une seule bombe ennemie tombe un jour sur Berlin, je veux bien m'appeler Meier ». Le ministre a dû manger son chapeau : les bombardements commencèrent quelques mois plus tard.

Wilhelmstraße 97/Leipzigerstraße 5-7
www.bundesfinanzministerium.de
uniquement sur réservation ou lors des journées portes ouvertes

6 Bundesrat

Le bâtiment du Bundesrat fut construit entre 1899 et 1904 pour la Chambre des seigneurs (Herrenhaus), la chambre haute du parlement allemand de l'époque.

La chambre haute du parlement allemand (Bundesrat) est composée de représentants de tous les États fédérés (Länder). Contrairement aux députés du Bundestag (Reichstag), les représentants du Conseil décidèrent de rester à Bonn en 1991. Ce n'est qu'en 1996 que la plupart des Länder reconnurent la nécessité de transférer leur siège à Berlin. Le bâtiment, conçu à la fin du XIXe s. par Friedrich Schulze-

Colditz et semblable à un palais baroque, devait souligner les origines aristocratiques de la noblesse qui en faisait partie. Par opposition aux « députés bourgeois » du Landtag prussien, les membres de la Herrenhaus étaient nommés à vie par le roi.

✉ Leipziger Straße 3-4 @ www.bundesrat.de 🕘 uniquement sur réservation ou lors des journées portes ouvertes

7 Chambre des députés de Berlin

Berlin est non seulement la capitale de l'Allemagne, mais aussi l'un des 16 Länder qui disposent de leur propre parlement (Landtag).

Depuis 1993, le bâtiment historique du Landtag prussien est le siège du parlement berlinois (Abgeordnetenhaus von Berlin). L'édifice fut érigé à la fin du XIXe s. dans le style Renaissance italienne. Il est ouvert au public. Signalons la galerie des citoyens d'honneur – une collection de portraits des personnes distinguées par les autorités berlinoises depuis 1808

✉ Niederkirchnerstraße 5
@ www.parlament-berlin.de
🕘 lun.-ven. 9h-18h

8 Topographie de la terreur

Dans les années 1933-1945, Prinz-Albrecht-Straße fut associée à la terreur et aux interrogatoires de la Gestapo.

Les principales institutions du IIIe Reich responsables de la persécution de la population dans les zones occupées par les nazis sont concentrées autour de Prinz-Albrecht-Straße et Wilhelmstraße. Après la Seconde Guerre mondiale, les bâtiments furent démolis. Aujourd'hui, ce site accueille le centre de documentation de la « Topographie de la Terreur » qui présente, dans un cadre moderne, une exposition consacrée à la Gestapo et aux SS. Elle comprend trois parties : l'exposition dans le pavillon, le parcours historique avec 15 panneaux d'information (à l'extérieur) et les ruines préservées des cellules qui appartenaient autrefois à la Gestapo. On peut y voir p. ex. des maquettes et des photos grand format des bâtiments détruits, et en apprendre davantage sur l'histoire de la zone.

↑ L'exposition documentant la terreur du IIIe Reich a été aménagée dans les ruines des cellules de la Gestapo.

✉ Niederkirchnerstraße 8
@ www.topographie.de
🕘 t.l.j. 10h-20h
€ entrée gratuite

Vieux Berlin

En dépit de la dévastation massive résultant de la Seconde Guerre mondiale, le centre-ville de Berlin conserve quelques monuments médiévaux qui méritent le détour.

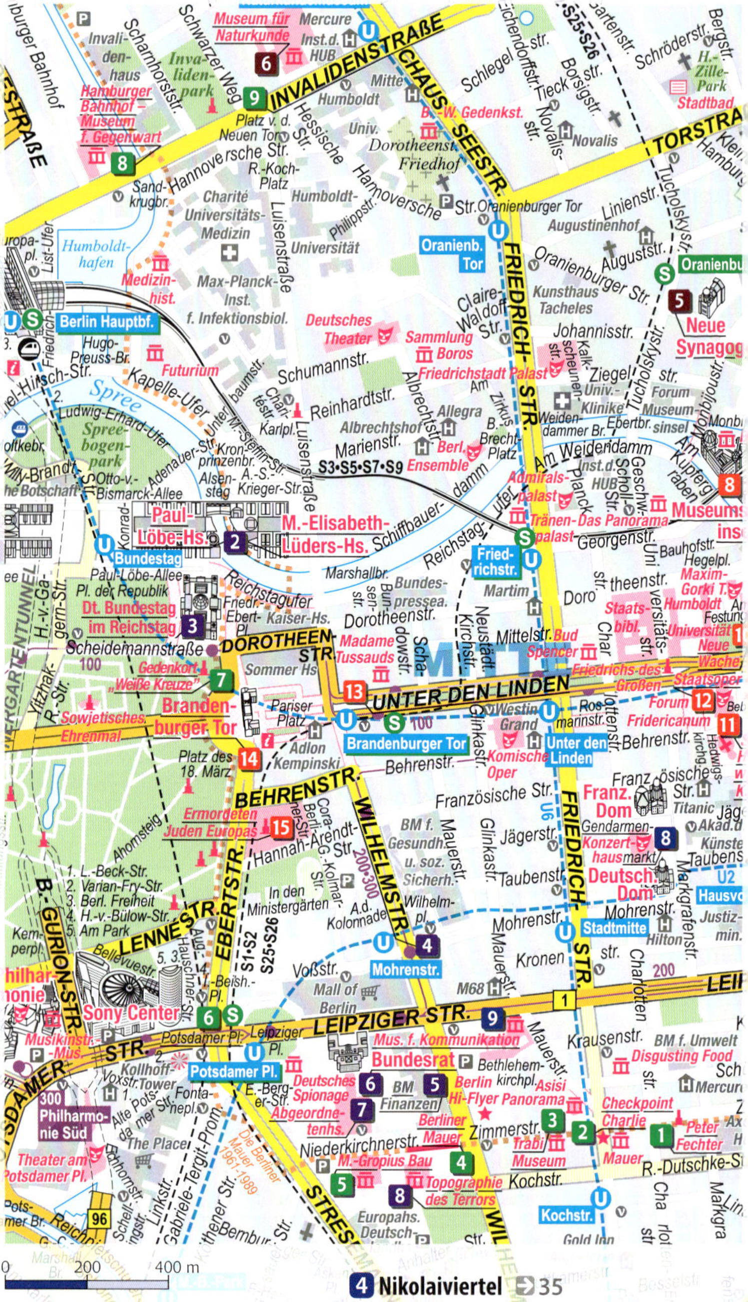

1 **Ruines de l'église des Franciscains** ➲ 34

2 **Parochialkirche** ➲ 34

3 **Musée de la Marche de Brandebourg** ➲ 34

4 **Nikolaiviertel** ➲ 35

5 **Knoblauchhaus** ➲ 36

6 **Jungfernbrücke** ➲ 36

7 **Friedrichswerdersche Kirche** ➲ 37

8 **Gendarmenmarkt** ➲ 37

9 **Musée de la Communication** ➲ 38

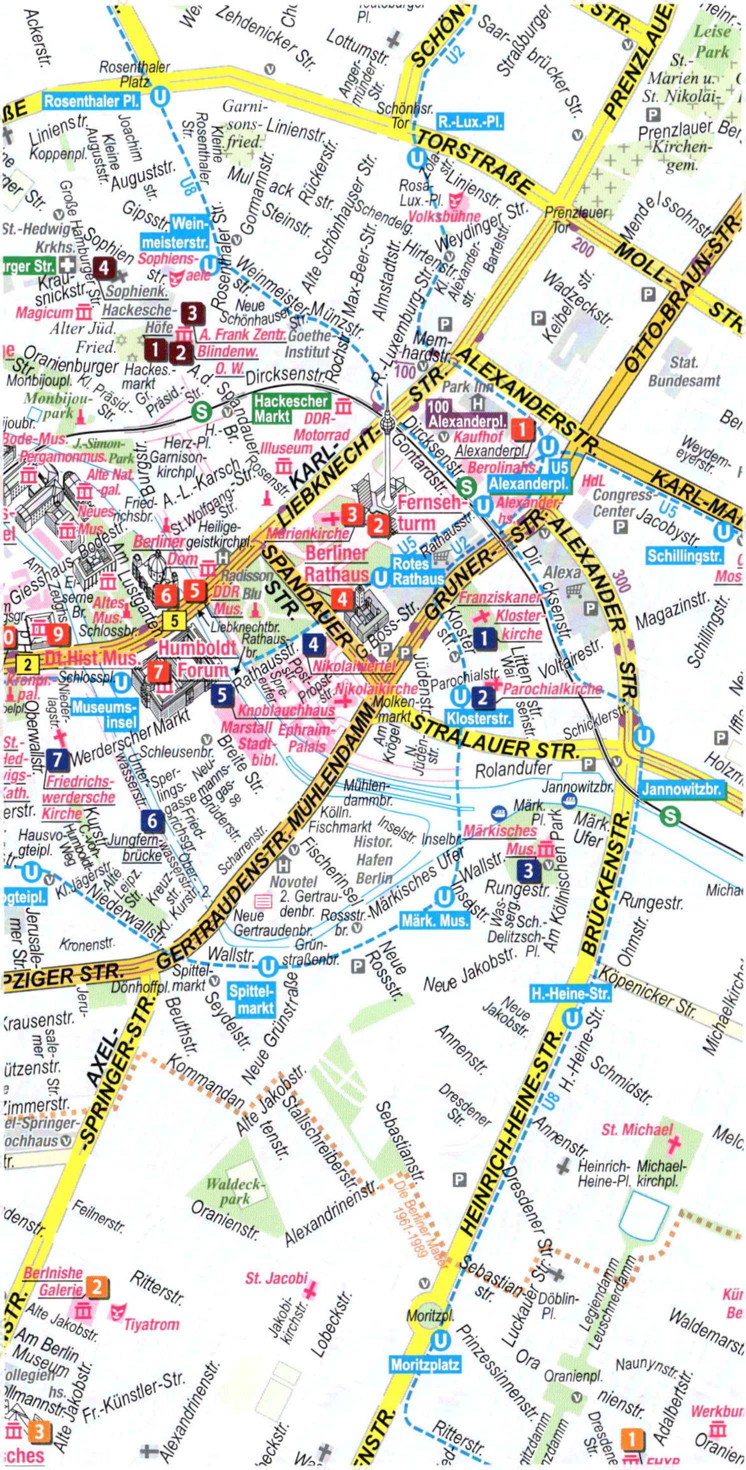

Ackerstr.
Zehdenicker Str.
Lottumstr.
Schönhauser Allee
Saarbrücker Str.
Straßburger Str.
Prenzlauer Allee
Leise Park
St.-Marien u. St. Nikolai-Kirchengem.
Prenzlauer Berg
Rosenthaler Platz
Rosenthaler Pl.
Linienstr.
Koppenpl.
Kleine Auguststr.
Joachimstr.
Auguststr.
Garnisons-fried.
Mulackstr.
Gormannstr.
Rückerstr.
Alte Schönhauser Str.
Schönhsr. Tor
R.-Lux.-Pl.
Torstraße
Rosa-Lux.-Pl.
Volksbühne
Weydinger Str.
Hirtenstr.
Prenzlauer Tor
Mendelssohnstr.
Mollstr.
Otto-Braun-Str.
Große Hamburger Str.
St.-Hedwig Krkhs.
Sophienstr.
Gipsstr.
Weinmeisterstr.
Sophiensaele
Steinstr.
Max-Beer-Str.
Almstadtstr.
Wadzeckstr.
Keibelstr.
Krausnickstr.
Magicum
Sophienk.
Hackesche Höfe
Alter Jüd. Fried.
A. Frank Zentr.
Blindenw.
O. W.
Goethe-Institut
Münzstr.
Rochstr.
Neue Schönhauser Str.
Memhardstr.
Alexanderstr.
Stat. Bundesamt
Oranienburger Str.
Monbijoupl.
Monbijoupark
Hackescher Markt
Dircksenstr.
Park Inn
Alexanderpl.
Kaufhof
DDR-Motorrad
Illuseum
Berolinahs.
Bode-Mus.
J.-Simon-Park
Pergamonmus.
Alte Nat.-gal.
Neues Mus.
Herz-Pl.
Garnisonkirchpl.
A.-L.-Karsch-Str.
Karl-Liebknecht-Str.
Spandauer Str.
Fernsehturm
Marienkirche
Berliner Dom
Heilige-geistkirchpl.
St.Wolfgang-Str.
Burgstr.
Bodestr.
Am Lustgarten
Berliner Rathaus
Rotes Rathaus
Rathausstr.
Radisson Blu
DDR Mus.
Liebknechtbr.
Rathausbr.
Altes Mus.
Gruner-Str.
Alexa
Alexanderpl.
HdL
Congress Center
Jacobystr.
Karl-Marx-Allee
Schillingstr.
Franziskaner Klosterkirche
Klosterstr.
Littenstr.
Voltairestr.
Magazinstr.
Humboldt Forum
Dt. Hist. Mus.
Schlossbr.
Schlosspl.
Kronprz.-pal.
Museumsinsel
Nikolaiviertel
Nikolaikirche
Poststr.
Propststr.
Jüdenstr.
Parochialstr.
Parochialkirche
Klosterstr.
Molkenmarkt
Stralauer Str.
Knoblauchhaus
Marstall
Stadtbibl.
Ephraim-Palais
Werderscher Markt
Oberwallstr.
St.-Hedwigs-Kath.
Friedrichswerdersche Kirche
Schleusenbr.
Breite Str.
Rolandufer
Jannowitzbr.
Mühlendammbr.
Kölln. Fischmarkt
Inselstr.
Inselbr.
Märkisches Mus.
Histor. Hafen Berlin
Märkisches Ufer
Wallstr.
Rungestr.
Brückenstr.
Holzmarktstr.
Jungfernbrücke
Hausvogteipl.
Kl. Jägerstr.
Niederwallstr.
Kurstr.
Gertraudenstr.
Mühlendamm
Fischerinsel
Novotel
2. Gertraudenbr.
Neue Gertraudenbr.
Roßstr.br.
Märk. Mus.
Sch.-Delitzsch-Pl.
Am Köllnischen Park
Ohmstr.
Köpenicker Str.
Leipziger Str.
Kronenstr.
Wallstr.
Spittelmarkt
Dönhoffpl.
Grünstraßenbr.
Neue Roßstr.
Neue Jakobstr.
H.-Heine-Str.
Krausenstr.
Jerusalemer Str.
Axel-Springer-Str.
Beuthstr.
Seydelstr.
Neue Grünstraße
Kommandantenstr.
Alte Jakobstr.
Stallschreiberstr.
Annenstr.
Schmidstr.
Michaelkirchstr.
Zimmerstr.
Checkpoint Charlie
Waldeckpark
Oranienstr.
Alexandrinenstr.
Sebastianstr.
Heinrich-Heine-Str.
Dresdener Str.
St. Michael
Heinrich-Heine-Pl.
Michaelkirchpl.
Die Berliner Mauer 1961-1989
Feilnerstr.
Berlinische Galerie
Ritterstr.
Tiyatrom
Alte Jakobstr.
St. Jacobi
Jakobikirchstr.
Lobeckstr.
Moritzpl.
Moritzplatz
Prinzessinnenstr.
Luckauer Str.
Döblin-Pl.
Legiendamm
Leuschnerdamm
Oranienpl.
Naunynstr.
Waldemarstr.
Adalbertstr.
Werkbund Archiv
Am Berlin Museum
Fr.-Künstler-Str.
Prinzenstr.

De l'église gothique située sur le terrain du monastère franciscain ne subsistent que les murs.

1 Ruines de l'église des Franciscains

Les parois de l'église gothique sont le seul vestige du monastère franciscain, abandonné par les frères en 1540.

Les ruines pittoresques de Franziskaner-Klosterkirche détruit en 1945 comptent parmi les monuments médiévaux les plus anciens et les plus beaux de Berlin. Dans la partie nord des murs sont conservés des fragments en pierre – les vestiges d'une église-halle construite vers 1250. Parmi les ruines des bâtiments du monastère se trouve aujourd'hui un parc verdoyant. Depuis 2005, ce lieu accueille des expositions et des spectacles en plein air.

Klosterstraße 73a www.marienkirche-berlin.de lun.-ven. 9h-15h30 entrée gratuite

2 Parochialkirche

Parochialkirche est la plus ancienne église baroque de Berlin, érigée pour les membres de l'Église évangélique réformée.

Les calvinistes de Berlin ne reçurent l'autorisation de construire leur première église qu'en 1694. Le temple fut érigé au début du XVIIIe s. Les bombardements de mai 1944 détruirent pourtant une partie de la tour et l'intérieur de l'édifice. La reconstruction et la restauration du monument se poursuivent à ce jour. À l'intérieur, dans un hall vide au-dessus de l'autel, on peut voir une croix composée de ferraille réalisée par l'artiste Fritz Kuhn en 1961.

Klosterstraße 67 lun.-ven. 9h-15h30 entrée gratuite ; payant lors des expositons

3 Musée de la Marche de Brandebourg

Entouré de verdure, Märkisches Museum aux murs de briques abrite des trésors du passé de Berlin et de Brandebourg.

Un coup d'œil sur les façades suffit pour identifier la fonction de cet édifice de type « monument de Brandebourg ». Les autels médiévaux furent placés dans la partie conçue à l'image de la nef principale de l'église. Les expositions dédiées à la préhistoire de la région sont à découvrir dans le sous-sol, derrière les murs de pierre. La collection de tabatières du XVIIIe s., un jeu

Le palais municipal rococo de Veitel Heine Ephraim est une reconstruction réussie d'un manoir du XVIIIe siècle.

d'échecs de 1830 avec les pièces à l'effigie de Napoléon et du roi de Prusse Frédéric II ou encore des produits de propagande : figurines-jouets de soldats SS, stimulent l'imagination mieux que des manuels scolaires. À voir également, les orgues de barbarie et les machines à musique, dont Berlin fut le premier fabricant à la fin du XIXe s.

Am Köllnischen Park 5 @ www.stadtmuseum.de temporairement fermé jusqu'en 2026

4 Nikolaiviertel

Un Disneyland socialiste ou une reconstruction réussie de la vieille ville détruite pendant la Seconde Guerre mondiale ?

La reconstruction du plus vieux quartier de Berlin, détruit pendant la guerre, fut achevée en 1987. Au cœur du village du XIIIe s. se trouvait l'église Saint-Nicolas (Nikolaikirche). À l'exception de deux tours néogothiques qui datent du XIXe s, la forme actuelle de l'édifice remonte au XVe s. En tant que musée (depuis 1938, l'église n'assure plus de fonctions religieuses), elle présente une partie importante de l'histoire des origines de la ville.

À l'angle de Mühlendamm et Poststraße, le palais municipal de Veitel Heine Ephraim de style rococo (Ephraim-Palais) est une restauration réussie de la résidence du XVIIIe s. Aujourd'hui, la fondation des Musées municipaux y organise des expositions. Le quartier accueille par ailleurs des restaurants et cafés stylés, comme la maison Zum Nussbaum (Am Nussbaum 3) qui est une copie de l'établissement d'avant-guerre situé Fischerstraße 21. Celui-ci fut fréquenté par le dessinateur Heinrich Zille (1858-1929), à qui on dédia le musée situé Propststraße 11 (Heinrich-Zille-Museum). Le musée du chanvre (Mühlendamm 5) ou le DESIGNPANOPTIKUM, une exposition surréaliste d'objets industriels (Poststraße 7), valent également le détour.

@ www.nikolaiviertelberlin.de

Église Saint-Nicolas

mar.-dim. 10h-18h € 6€ (4€)

Palais de Veitel Heine Ephraim

temporairement fermé

La forme actuelle du Jungfernbrücke date de 1798. Le mécanisme levant les volées en bois fut utilisé jusqu'à la fin des années 1930.

Musée de Heinrich-Zille
t.l.j. 11h-18h 7€ (5€)

Le quartier totalise environ 30 restaurants et cafés spécialisés dans la cuisine traditionnelle berlinoise. On recommande surtout le restaurant Mutter Hoppe (Rathausstraße 21) qui propose d'excellents plats de viande.

5 Knoblauchhaus

La Knoblauchhaus est un exemple unique d'immeuble bourgeois néoclassique subsistant à Nikolaiviertel.

Lors d'une visite de la maison des Knoblauch, on s'informe sur la vie d'une riche famille bourgeoise berlinoise du XIXe s. Outre l'appartement, s'y trouvaient également des magasins, une boutique de la compagnie et un bureau de change. Les chambres se parent de mobilier, de peintures et d'accessoires d'époque.

Poststraße 23
www.stadt-museum.de
mar.-jeu. 12h-18h, ven.-dim. 10h-18h
entrée gratuite

6 Jungfernbrücke

Jungfernbrücke est le plus vieux pont de Berlin ; il servit pendant des siècles à mettre à l'épreuve la pureté des futures épouses.

Le premier pont aurait été construit en ce lieu en 1689. Aujourd'hui, le nom de la traversée, Jungfernbrücke (pont des Vierges), fait référence à la légende selon laquelle le passage du pont permettait de vérifier la virginité d'une jeune femme sur le point de se marier. Si aucune planche ne craquait sous ses pieds, la postulante était très certainement vierge. En 1798, on restaura entièrement le pont en lui donnant une forme élégante qui, à quelques modifications près, subsiste encore de nos jours. Le mécanisme levant les volées en bois à l'aide de chaînes et de roues en fer fut utilisé jusqu'à la fin des années 1930. Depuis 1999, le pont a été rénové et toutes les planches remplacées.

Friedrichsgracht

Sur l'élégante Gendarmenmarkt trônent quelques-uns des plus beaux bâtiments de Berlin, notamment la Maison des concerts et les églises allemande et française.

7 Friedrichswerdersche Kirche

Construite en briques rouges, l'église Friedrichswerdersche fut le premier édifice néogothique de la ville.

Cet édifice religieux érigé en 1830 n'assure plus de fonctions religieuses depuis la Seconde Guerre mondiale. Depuis 1987, l'église est une succursale de ancienne galerie nationale de l'île des Musées. Y sont présentées environ 90 sculptures des représentants du romantisme et du classicisme allemands, dont les réalisations de Johann Gottfried Schadow et Christian Daniel Rauch.

L'architecte du temple était Karl Friedrich Schinkel (1781-1841). Grâce aux bâtiments qu'il a conçus en s'inspirant de l'architecture antique (notamment le Vieux Musée sur l'île des Musées), Berlin a été surnommée l'Athènes de la Spree.

- Werderscher Markt
- www.smb.museum/fwk
- mar.-dim. 10h-18h
- entrée gratuite

8 Gendarmenmarkt

La plus belle place de Berlin tire son nom du régiment de gendarmes qui y stationnait au XVIIIe s.

Au début du XVIIIe s., la place vit la construction de deux églises : l'une dédiée à la communauté française, l'autre aux luthériens allemands. Deux tours quasiment jumelles avec des dômes distinctifs furent construites plus tard, sous le règne de Frédéric II. Même si les tours n'assuraient pas de fonctions religieuses, contrairement aux églises, les Berlinois les nommèrent « cathédrales française et allemande », le terme de *dom* étant équivoque en allemand comme en français. Le dôme de la tour française renferme aujourd'hui le musée des Huguenots (Hugenottenmuseum) qui, par le biais de nombreux documents comme des plans ou gravures, retrace l'histoire des réformés français réfugiés à Berlin après la révocation de l'édit de Nantes en 1685.

L'église allemande (Deutsche Kirche), contrairement à l'église française (Französische Kirche), n'assure plus de fonctions religieuses. On y a organisé l'exposition « Wege-Irrwege-Umwege » présentant l'histoire du

Les deux dômes, français et allemand, l'un en face de l'autre, constituent un symbole de l'entente franco-allemande.

système parlementaire allemand. Entre les deux dômes trône la Maison des concerts (Konzerthaus). Amoureux de l'art français, le roi Frédéric II avait interdit d'y jouer des spectacles en allemand, les chanteurs prussiens ont donc dû attendre la mort du roi pour s'y produire dans leur langue maternelle. Aujourd'hui, la Konzerthaus accueille principalement le Berliner Sinfonie-Orchester.

Musée des Huguenots
www.hugenottenmuseum-berlin.de
mar.-dim. 11h30-16h30 6€ (4€)
Église française
www.franzoesische-kirche.de
mar.-dim. 12h-17h
entrée gratuite
Maison des concerts
www.konzerthaus.de mars-oct. mar.-dim. 11h-18h entrée gratuite

À la fin novembre, Gendarmenmarkt se transforme en un grand marché de Noël (Weihnachtsmarkt), l'un des plus visités (avec celui sur la Breitscheid-platz) de Berlin. Pendant quatre semaines, avec ses stands de produits artisanaux, ses bijoux et ses friandises, c'est un endroit idéal pour trouver des idées de cadeaux. Pendant les travaux de rénovation de la place en 2023 et 2024, la foire a été déplacée sur la Babelplatz.

9 Musée de la Communication

Cet établissement berlinois est le plus ancien musée de ce type dans le monde. Ses objets historiques ont déjà été exposés en 1872 dans le musée de la Poste.

Les objets les plus célèbres sont conservés au sous-sol dans la pièce des trésors, qui accueille des expositions interactives. Deux timbres de 1847 parmi les plus rares du monde y sont présentés : le penny bleu et le penny rouge de l'île Maurice ; il y a également des téléphones, dont certains des plus anciens appareils. Parmi eux, on trouve l'émetteur et le récepteur du premier téléphone au monde (1863). L'exposition de Museum für Kommunikation montre comment l'accélération du flux d'informations et des transports a fait évoluer notre civilisation.

Leipziger Straße 16 www.mfk-berlin.de mar. 9h-20h, mer.-ven. 9h-17h, sam.-dim. 10h-18h 6€ (3€)

City West

Pour l'Europe orientale, le centre de Berlin-Ouest d'après la Seconde Guerre mondiale était le symbole du capitalisme. En raison de ses nombreux grands magasins, le quartier a été appelé la « vitrine de l'Occident ».

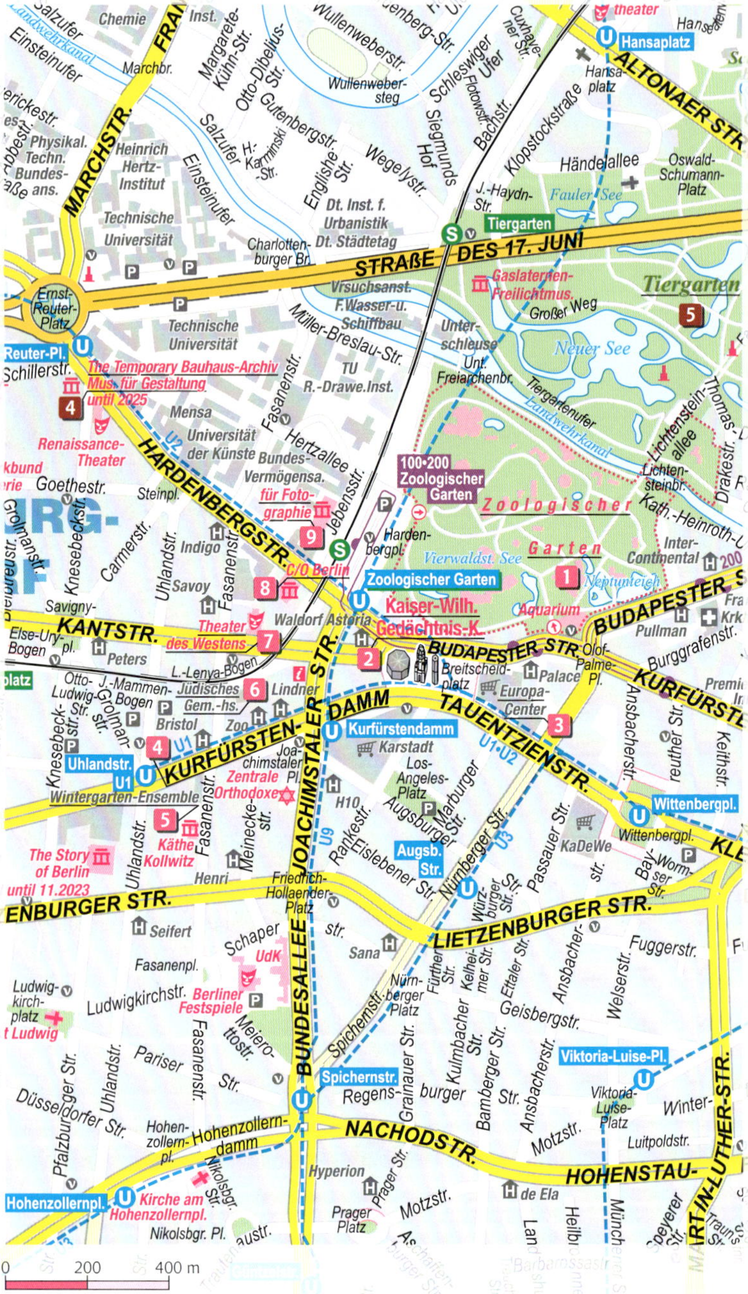
Straße des 17. Juni
Ernst-Reuter-Platz
Ernst-Reuter-Pl.
Hardenbergstr.
Marchstr.
Franklinstr.
Technische Universität
Heinrich Hertz-Institut
Physikal. Techn. Bundesans.
Landwehrkanal
Tiergarten
Hansaplatz
Altonaer Str.
Händelallee
Klopstockstraße
Fauler See
Neuer See
Großer Weg
Gaslaternen-Freilichtmus.
Zoologischer Garten
Aquarium
Budapester Str.
Kaiser-Wilh.-Gedächtnis-K.
Breitscheidplatz
Europa-Center
Kurfürstendamm
Tauentzienstr.
Wittenbergpl.
KaDeWe
Kantstr.
Theater des Westens
C/O Berlin
The Temporary Bauhaus-Archiv Mus. für Gestaltung until 2025
Renaissance-Theater
Universität der Künste
Bundes-Vermögensa. für Fotographie
Jüdisches Gem.-hs.
Uhlandstr.
Wintergarten-Ensemble
Käthe Kollwitz
The Story of Berlin until 11.2023
Zentrale Orthodoxe
Joachimstaler Str.
Bundesallee
Augsb. Str.
Lietzenburger Str.
Nürnberger Str.
Berliner Festspiele
Spichernstr.
Nachodstr.
Hohenstaufenstr.
Viktoria-Luise-Pl.
Martin-Luther-Str.
Hohenzollernpl.
Kirche am Hohenzollernpl.
Hohenzollerndamm
Düsseldorfer Str.
Pariser Str.
Ludwigkirchstr.
0 200 400 m

1 Jardin zoologique

Avec presque 4 millions de visiteurs en 2019, le zoo de Berlin est une attraction très populaire.

Fondé en 1844, Zoologischer Garten est le plus ancien parc zoologique d'Allemagne. Avec environ 17 500 animaux qui représentent 1 571 espèces, il est aussi le plus riche du monde. Le zoo et l'Aquarium forment un complexe qui occupe une partie du parc Tiergarten. L'architecture unique et les décorations du jardin sont remarquables. La « Maison des antilopes » de 1871 en est le plus vieux pavillon. Parmi les installations plus modernes, le pavillon des hippopotames de 1997, équipé d'une paroi de verre, permet d'observer les évolutions aquatiques de ces animaux. Les trois étages de l'Aquarium présentent non seulement des poissons, mais aussi des reptiles, des amphibiens, des insectes et des invertébrés.

✉ Hardenbergplatz 8
@ www.zoo-berlin.de
🕘 horaires variables, à vérifier sur le site web € à partir de 19 € (9 €)

Les ruines de l'église du Souvenir de l'empereur Guillaume font partie d'une nouvelle conception d'un style ascétique.

2 Kaiser-Wilhelm-Gedächtnis-Kirche

Les ruines de cette église, autrefois la plus haute de Berlin, ont été conservées pour rappeler les ravages de la Seconde Guerre mondiale.

L'église de style néoroman de 1895, construite en souvenir de l'empereur Guillaume Ier, fut détruite par les bombardements de 1943. Sur ses ruines, on érigea une chapelle, un foyer, un clocher et une sacristie. Pour construire les murs de la chapelle et du clocher de 54 m de haut, on utilisa des milliers de tuiles bleues. L'intérieur de la chapelle est modeste. On y voit un souvenir de guerre, la *Madone de Stalingrad*, un croquis au fusain réalisé par le médecin Kurt Reuber au dos d'une carte d'état-major en 1942. Dans la salle du souvenir, il ne faut pas manquer de voir les fragments des mosaïques qui décoraient l'église originelle ainsi que les maquettes de l'édifice d'avant et d'après-guerre.

✉ Breitscheidplatz
@ www.gedaechtniskirche.com
🕘 église 10h-18h ne se visite pas pendant les messes, salle du Souvenir lun.-sam. 9h30-18h, dim. 12h-18h
€ entrée gratuite

Kaufhaus des Westens - le plus célèbre magasin de Berlin

3 Europa-Center

En 1965, à l'inauguration du complexe moderne Europa-Center, le bâtiment fut comparé au Rockefeller Center new-yorkais.

L'attraction la plus spectaculaire de ce symbole berlinois de l'économie libérale est « l'Horloge du temps qui passe », haute de trois étages et construite en 1982 par le physicien parisien Bernard Gitton. Au moyen d'un système de vases communicants constitué de boules, le chronomètre mesure le temps par intervalles de deux minutes (le temps nécessaire pour que les boules se remplissent de liquide). Deux fois par jour (à 13h et à 1h), le liquide remplit la plus grand boule et le cycle recommence.

Tauentzienstraße 9-12
@ www.europa-center-berlin.de
atrium 24h/24 ; magasins : lun.-sam. 10h-20h
€ entrée gratuite

4 Kurfürstendamm

Après la guerre, la rue « Ku'damm » fut la « vitrine de l'Occident ». C'est l'endroit idéal pour faire ses achats ou se promener.

Après 1990, certains édifices du siècle dernier ont été démolis au profit de villas. Le long de la promenade, on trouve des centres commerciaux modernes et élégants. De nombreux restaurants, cafés et théâtres invitent à s'attarder un peu, de préférence l'après-midi ou le soir, sur le boulevard le plus fréquenté de la partie ouest de la ville.

@ www.kurfuerstendamm.de

Le magasin de luxe KaDeWe (Kaufhaus des Westens, « grand magasin de l'Ouest ») situé Tauentzienstraße (extension de Kurfürstendamm) est l'un des plus vastes de ce type en Europe continentale (seul Harrods à Londres est plus grand). Si vous ne trouvez pas l'article que vous recherchez à KaDeWe, vous ne le trouverez nulle part à Berlin. Il compte 7 étages, dont le plus célèbre reste le 6e, avec une épicerie fine qui propose un large choix de produits du monde entier. À noter aussi les étages où se trouvent les boutiques de Dolce & Gabbana ou de Louis Vuitton, qui attirent chaque jour les Berlinois et les

Le Kurfürstendamm est le boulevard le plus populaire de la partie ouest de la ville.

touristes. KaDeWe vaut le détour, si l'on n'achète rien.

5 Wintergarten-Ensemble

Cet ensemble de trois villas relié à un jardin-parc est un exemple intéressant de l'architecture bourgeoise de la fin du XIXe s.

Le bâtiment le plus ancien (de 1871) abrite aujourd'hui la Fondation Exilmuseum, qui s'attache à construire un musée dédié aux personnes contraintes à l'exil entre 1933 et 1945. La villa Grisebach qui avoisine le musée est une célèbre maison de vente aux enchères, mais aussi un lieu d'exposition de l'art contemporain. À proximité, dans la Maison de la littérature (Literaturhaus), se tiennent tout au long de l'année des lectures, soirées d'auteurs et expositions.

Maison de la littérature
✉ Fasanenstraße 23
@ www.literaturhaus-berlin.de
🕘 lors des rencontres littéraires ; café t.l.j. 9h-0h € entrée gratuite
Villa Grisebach ✉ Fasanenstraße 25
@ www.grisebach.com 🕘 lun.-ven. 10h-18h30, sam. 11h-16h € entrée gratuite

6 Jüdisches Gemeindehaus

Jusqu'en 2006, ce modeste bâtiment, construit sur le site de la synagogue détruite, fut le siège des autorités de la communauté juive.

De l'histoire mouvementée de ce lieu témoigne le portail de l'ancienne synagogue (brûlée en 1938) intégré dans la façade de la Maison de la communauté juive. Deux ressauts situés à proximité en sont une autre trace. Dans la cour se dresse un monument qui prend la forme d'un rouleau rompu de la Torah.

✉ Fasanenstraße 79-80
@ www.jg-berlin.org
🕘 lun.-jeu. 11h-13h, 14h-18h
€ entrée gratuite

7 Theater des Westens

Ce théâtre privé construit en 1896 a accueilli Joséphine Baker, Marlène Dietrich et Maria Callas.

Theater des Westens se fit connaître grâce à ses comédies musicales et ses opérettes. Cette tradition se poursuit toujours. Le bâtiment du

Ce sont les photographies de la série *Big Nudes* qui apportèrent la célébrité à Helmut Newton, mort dans un accident de la route à Los Angeles.

théâtre, l'un des plus beaux de Berlin, présente un style typique de la fin du XIXe et du début du XXe s., qui combine des éléments architecturaux de plusieurs époques.

Kantstraße 12
www.theater-des-westens.de
billetterie : mar.-ven. 14h-19h30, sam.-dim. 13h-19h30

8 C/O Berlin

C/O Berlin est situé dans l'ancienne Maison américaine (Amerika-Haus), érigée dans les années 1950 par Bruno Grimmeck.

Financé dans le cadre du plan Marshall, le bâtiment a servi de centre culturel et d'information américain à Berlin pendant des décennies. Depuis 2014, des expositions de photographes de renommée mondiale (Linda McCartney, Annie Leibovitz, Martin Parr) ainsi que d'artistes berlinois s'y tiennent. Au programme : des rencontres régulières avec des artistes, des panels de discussion et des projections de films.

Kantstraße 12
Hardenbergstraße 22-24
www.co-berlin.org
t.l.j. 11h-20h 10 € (6 €)

9 Musée de la Photographie

Au rez-de-chaussée du bâtiment de style néoclassique, on peut voir les travaux et objets personnels du célèbre photographe Helmut Newton.

Né à Berlin en 1920, Newton est considéré comme l'un des plus grands photographes du XXe s. L'exposition organisée au Museum für Fotografie fut rendue célèbre par la série *Big Nudes*. Dans la salle impériale se tiennent des expositions de photos en provenance des collections de la Bibliothèque de l'art (Kunstbibliothek).

Jebensstraße 2
www.helmut-newton-foundation.org
mar.-mer., ven.-dim. 11h-19h, jeu. 11h-20h
10 € (5 €)

Mur de Berlin

« Personne n'a l'intention de construire un mur ». En 1961, le 1er secrétaire du Parti socialiste Walter Ulbricht démentait les rumeurs sur la fermeture imminente de la frontière entre Berlin-Est et Berlin-Ouest.

Naturkundemuseum
Museum für Naturkunde
Mercure
Inst.d. HUB
Invalidenpark
INVALIDENSTRAßE
CHAUSSEESTR.
HEIDESTRAßE
Hamburger Bahnhof
Scharnhorststr.
Schwarzer Weg
Invalidenhaus
Hamburger Bahnhof – Museum f. Gegenwart
Mitte
Humboldt
Platz v. d. Neuen Tor
Hessische Str.
Hannoversche Str.
B.-W. Geden
Univ.
Dorotheenst. Friedhof
R.-Koch-Platz
Sand-krugbr.
Charité Universitäts-Medizin
Humboldt-Universität
Philippstr.
Döberitzer Str.
Minna-Cauer-Str.
Lehrter Str.
Lesser-Ury-Weg
Europa-pl.
Humboldt-hafen
Medizin-hist.
Max-Planck-Inst. f. Infektionsbiol.
Luisenstraße
Oranienb. Tor
Claire-Waldoff-Str.
Berlin Hauptbf.
Hugo-Preuss-Br.
Futurium
Deutsches Theater
Sammlung Boros
Friedrichstadt
Schumannstr.
Reinhardtstr.
Albrechtstr.
Allegra
Albrechtshof
Marienstr.
Berl. Ensemble
S3•S5•S7•S9
Staatsanwaltschaft
Rahel-Hirsch-Str.
Spree
Kapelle-Ufer
Ludwig-Erhard-Ufer
Spreebogenpark
Alt-Moabit
1. I.-Schaeffer-Str.
2. G.-Heinemann-Br.
3. Washingtonpl.
Moltkebr.
Willy-Brandt-Str.
Otto-v.-Bismarck-Allee
Adenauer-Str.
Kronprinzenbr.
Schweizerische Botschaft
Kanzlerbr.
Bundeskanzleramt
Kanzlerpark
Paul-Löbe-Hs.
M.-Elisabeth-Lüders-Hs.
Schiffbauerdamm
Bundestag
Reichstagufer
Bettina-v.-Arnim-Ufer
Paul-Löbe-Allee
Pl. der Republik
Dt. Bundestag im Reichstag
Hs. der Kulturen der Welt (Kongresshalle)
Tipi am Kanzleramt
Carillon
John-Foster-Dulles-Allee
Zeltenplatz
TIERGARTENTUNNEL
Scheidemannstraße
DOROTHEENSTR.
Marschallbr.
Bundespressea.
Dorotheenstr.
Madame Tussauds
Sommer Hs.
Gedenkort „Weiße Kreuze"
Sowjetisches Ehrenmal
Brandenburger Tor
Pariser Platz
UNTER DEN LINDEN
Adlon Kempinski
STRAßE DES 17. JUNI
Platz des 18. März
Behrenstr.
BEHRENSTR.
Französische Str.
Natursch. u. Grünfl.-amt
Tiergarten
Bellevueallee
Ahornsteig
Ermordeten Juden Europas
Hannah-Arendt-Str.
Cora-Berliner-Str.
G.-Kolmar-Str.
WILHELMSTR.
BM f. Gesundh. u. soz. Sicherh.
Mauerstr.
Glinkastr.
Entlastungsstr.
1. L.-Beck-Str.
2. Varian-Fry-Str.
3. Berl. Freiheit
4. H.-v.-Bülow-Str.
5. Am Park
In den Ministergärten
A.d. Kolonnade
Wilhelmpl.
B.-GURION-STR.
LENNESTR.
EBERTSTR.
S1•S2 S25•S26
Voßstr.
Mohrenstr.
Mall of Berlin
Großer Weg
Luiseninsel
Kunstgew.-mus.
Philharmonie
Sony Center
Bellevuestr.
LEIPZIGER STR.
Mus. f. Kommunikat.
Bundesrat
TIERGARTENSTR.
Kulturforum
Musikinstr.-Mus.
Potsdamer Pl.
Leipziger Pl.
Gedenkstätte Deutscher Widerstand
St-Matthäus
Scharounstr.
POTSDAMER STR.
Kollhoff-Tower
Deutsches Spionage
Berlin Hi-Flyer
BM Finanzen
Abgeordnetenhs.
Berliner Mauer
Niederkirchnerstr.
M.-Gropius Bau
Topographie des Terrors
Stauffenbergstr.
Sigismundstr.
Hitzigallee
Wissenschaftszentr.
N. Nat.-galerie
Philharmonie Süd
Theater am Potsdamer Pl.
The Place
Alte Potsdamer Str.
Voxstr.
Fontanepl.
Die Berliner Mauer 1961-1989
Bendlerblock
Central District
Shell-House
Bendlerbr.
Schöneberger Ufer
Reichpietschufer
Linkstr.
Gabriele-Tergit-Prom.
Köthener Str.
Bernburger Str.
STRESEMANNSTR.
Europahs.
Deutschlandhs.
Anhalter Str.
Askan. Pl.
Ibis
Relexa
Suite
Evangelische Elisabeth Klinik
Am Karlsbad
Marshall Br.
M.-B.-Park
F.-Hensel-Weg
Dessauer Str.
Hafenplatz
Mendelss.-Barth.-Park
Berlin Story Bunker
Anhalter Bahnhof
Holiday Inn
Hallesche Str.
Tempodrom
Lützowstr.
Flottwellstr.
Bissingzeile
Klückstr.
Pohlstr.
Schönebg. Br.
Köthener Br.
POTSDAMER STR.

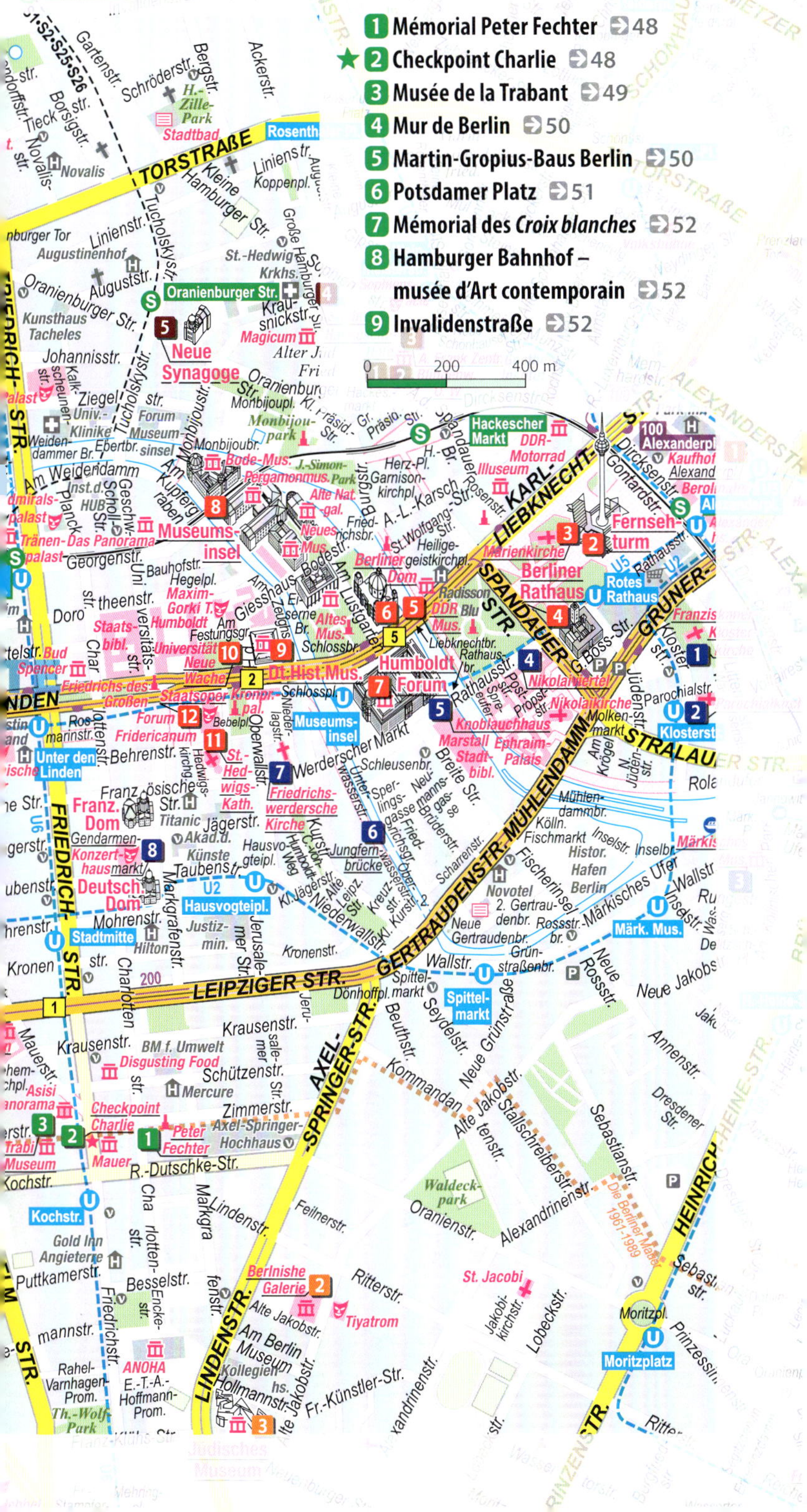

1 Mémorial Peter Fechter ⇒48
★ 2 Checkpoint Charlie ⇒48
3 Musée de la Trabant ⇒49
4 Mur de Berlin ⇒50
5 Martin-Gropius-Baus Berlin ⇒50
6 Potsdamer Platz ⇒51
7 Mémorial des *Croix blanches* ⇒52
8 Hamburger Bahnhof – musée d'Art contemporain ⇒52
9 Invalidenstraße ⇒52
0 200 400 m
TORSTRASSE
Rosenth
Oranienburger Str.
Neue Synagoge
Hackescher Markt
KARL-LIEBKNECHT-STR.
Fernsehturm
Alexanderpl.
Rotes Rathaus
Berliner Rathaus
Marienkirche
SPANDAUER STR.
GRUNER-STR.
Nikolaiviertel
Nikolaikirche
Klosterstr.
STRALAUER STR.
Museumsinsel
Pergamonmus.
Bode-Mus.
Berliner Dom
Altes Mus.
Humboldt Forum
Dt. Hist. Mus.
Unter den Linden
Staatsoper
Neue Wache
Universität
Friedrichswerdersche Kirche
Werderscher Markt
Franz. Dom
Deutsch. Dom
Konzerthaus
Gendarmenmarkt
Hausvogteipl.
Stadtmitte
MÜHLENDAMM
GERTRAUDENSTR.
Fischerinsel
Märk. Mus.
Spittelmarkt
LEIPZIGER STR.
FRIEDRICHSTR.
AXEL-SPRINGER-STR.
Checkpoint Charlie
Peter Fechter
Mauer
Trabi Museum
Asisi Panorama
Kochstr.
R.-Dutschke-Str.
Zimmerstr.
Axel-Springer-Hochhaus
Kommandantenstr.
Alte Jakobstr.
Waldeckpark
Oranienstr.
Alexandrinenstr.
Die Berliner Mauer 1961-1989
Sebastianstr.
HEINRICH-HEINE-STR.
Moritzplatz
PRINZENSTR.
Berlinische Galerie
LINDENSTR.
St. Jacobi
Lindenstr.
Ritterstr.
Tränenpalast
Admiralspalast
Friedrichstadtpalast

Checkpoint Charlie est le plus connu parmi des dizaines d'anciens postes-frontières berlinois. On y exposa l'une des anciennes bornes de délimitation de la RDA.

1 Mémorial Peter Fechter

Peter-Fechter-Denkmal est un rappel de l'histoire douloureuse de Berlin. Le 17 août 1962, Peter Fechter tenta de fuir à Berlin-Ouest.

Le poteau-frontière en métal, haut de plus de 2 m, marque l'endroit où cet aide-maçon de 18 ans reçut une balle ; son agonie au pied du Mur dura presque une heure. Personne ne lui vint en aide, ce qui choqua l'opinion publique et poussa la foule de Berlin-Ouest à manifester. La mort de Peter Fechter ne fit pas changer l'ordre donné aux soldats est-allemands de tirer sur les réfugiés.

✉ Zimmerstraße 26-27

2 Checkpoint Charlie ★

Le passage légendaire situé sur la Friedrichstraße fut le temoin de fuites spectaculaires de Berlin-Est à l'Ouest.

Checkpoint Charlie est l'ancien point de passage entre les secteurs soviétique et américain. Seuls les diplomates, les étrangers et les militaires étaient autorisés à le franchir sans passer par un côntrole approfondi, ce qui explique pourquoi il devint un lieu de fuite de la RDA. Dans le bâtiment situé à sa proximité directe – la maison de Checkpoint Charlie (Haus am Checkpoint Charlie) – l'historien et journaliste allemand Rainer Hildebrandt (1914-2004) collectionna les objets utilisés par les réfugiés : de faux passeports, un ballon fait main ou l'objet le plus étonnant – un petit « sous-marin ». Ces accessoires sont aujourd'hui exposés dans le musée du Mur (Mauermuseum) qui s'y trouve.

Mauermuseum
✉ Friedrichstraße 43-45
@ www.mauermuseum.de
🕘 t.l.j. 9h-22h
€ 12,50 € (9,50 €)

À l'été 2006, une galerie de photos en plein air a été ouverte le long de la Friedrich-, Zimmer- et Schützenstraße, présentant l'histoire du point de passage. Le petit pavillon BlackBox Kalter Krieg permet d'élargir ses connaissances sur la Guerre froide dans le monde (t.l.j. 10h-17h, 5 € (3,50

La voiture la plus reconnaissable de la RDA a son propre musée (à gauche). On peut trouver des fragments du mur de Berlin dans différentes parties de la capitale.

(3,50 €). Dans la rotonde d'en face, se trouve un tableau semi-panoramique de 900 m² de Yadegar Asisi. Connu pour ses œuvres monumentales et réalistes, l'artiste a présenté une vue du mur de Berlin et de la partie est de la ville dans le quartier de Kreuzberg dans les années 1980 (Panorama Asisi, t.l.j. 10h-18h, 5-11 €). On peut également voyager dans le temps lors d'une visite virtuelle en bus du Berlin-Est de 1985, grâce à TimeRide (Zimmerstr. 91, mar.-sam. 10h30-17h30, dim. jusqu'à 15h30 ; 12,50-17 €).

3 Musée de la Trabant

La voiture la plus emblématique de la RDA, rêve de nombreuses familles à l'époque et objet d'affectueuses plaisanteries, possède son petit musée à Berlin.

Facile à entretenir et à réparer, le véhicule servait pendant de nombreuses années et endurait bravement les épreuves de trajets même très lointains. Cette exceptionnelle robustesse explique qu'il existe encore env. 32 mille Trabant enregistrées en Allemagne – leurs fans se rencontrent lors de conventions annuelles. Après la chute du mur de Berlin, la Trabant a non seulement acquis le statut de voiture culte, mais est également devenue un symbole de liberté. Dans la nuit mémorable du 9 au 10 novembre 1989, lorsque les barrières ont été levées, les images d'une Trabant bleue passant le poste frontière ouvert sur Bornholmer Straße, ont fait le tour du monde. La peinture représentant une Trabant traversant le mur, visible depuis la rue , est le symbole du musée de l'East Side Gallery. Plus loin sont exposés tous les modèles issus de la chaîne de production de Zwickau.

✉ Zimmerstraße 14–15
@ www.trabi-museum.com
🕘 t.l.j. 11h-16h € 9 €

Depuis l'agence de location de voitures située à env. 150 m du musée de la Trabant, on peut partir en Trabi-Safari (www.trabi-world.com) – seul ou en groupe organisé avec un guide. Deux itinéraires au choix mènent autour des sites les plus importants de Berlin et à la fin de l'expédition, le conducteur reçoit un permis de conduire spécial.

Marin-Gropius-Bau fut construit dans la 2e moitié du XIXe s. dans le style Renaissance italienne.

4 Mur de Berlin

Le matin du 13 août 1961, les Berlinois stupéfaits se réveillèrent dans une ville complètement divisée.

La sécurité des frontières fut constamment renforcée. D'abord, à côté des haies de barbelés, apparurent des blocs de béton (appelés murs de première génération). En juin 1962, on construisit le mur arrière (Hinterlandmauer), dit « interne ». La zone entre les deux fut enrichie de fonctionnalités de sécurité supplémentaires : barrières, véhicules ou clôtures équipées de détecteurs électriques et de signalisation. En 1975, un dernier rempart fut ajouté – *Grenzmauer 75* (mur-frontière 75). Il se composait de segments en béton de 3,6 m de haut et de 1,2 m de large. Il sécurisait 106 des 155 km de la frontière autour de Berlin-Ouest. Son démantèlement commença en novembre 1989 et dura plus d'un an. Dans la Niederkirchnerstraße, on conserva un morceau (200 m) de la « partie frontale » du Mur.

✉ Niederkirchnerstraße
@ www.chronik-der-mauer.de

5 Martin-Gropius-Baus

Les façades richement décorées de cet immeuble de la fin du XIXe s. abritent des décors intérieurs admirables.

L'édifice fut érigé entre 1877 et 1881 dans le style Renaissance italienne. Sa reconstruction après la Seconde Guerre mondiale fut sollicitée par Walter Gropius, le célèbre architecte, petit-neveu de Martin Gropius. Les travaux furent surveillés par les architectes Winnetou Kampmann et Ute Weström. Aujourd'hui, ce bâtiment fidèlement reconstruit propose des expositions temporaires qui, sur quelques mois, attirent des centaines de milliers de visiteurs. L'édifice fut rénové entre 1999 et 2000. On restaura alors l'entrée originelle du côté nord, ce qui était auparavant impossible, car elle donnait directement sur le mur de Berlin.

✉ Niederkirchnerstraße 7
@ www.gropiusbau.de
🕘 t.l.j. 10h-20h
€ 17,50 € (9,50–11,50 €)

6 Potsdamer Platz

Avec la construction du mur de Berlin en 1961, la place perdit sa fonction de grand axe de communication.

On appréciera au mieux la Potsdamer Platz en l'admirant depuis le belvédère Panorama Point (90 m) situé dans le gratte-ciel Kollhoff-Tower. Le bâtiment fait référence au style des gratte-ciel américains des années 1920. À cette époque, la Potsdamer Platz était considérée comme la place la plus animée d'Europe. Après 1961, elle fut désertée, notamment en raison de la « bande de la mort », le terrain entre le Mur et la seconde enceinte, où furent placées des installations de tirs automatiques et d'autres dispositifs qui permettaient de repérer d'éventuels fugitifs (aujourd'hui, le site accueille une exposition photo).

Actuellement, la Potsdamer Platz est bordée de gratte-ciel de 100 m de haut, d'hôtels et de complexes commerciaux. L'un d'eux est le Sony Center. Sept bâtiments d'acier et de verre entourent un forum ovale, caché sous un toit semblable à une tente. Dans les complexes commerciaux, deux bâtiments des années 1920 ont été intégrés : la maison du vin Huth (Alte Potsdamer Straße 5) et l'ancien hôtel Esplanade partiellement conservé (Sony Center). À proximité de la maison Huth, la galerie d'art contemporain Daimler Contemporary a ouvert ses portes.

@ www.potsdamerplatz.de
Panorama Point ✉ Potsdamer Platz 1 @ www.panoramapunkt.de
🕘 t.l.j. 10h-19h € 9 € (7 €)

↑ **Le complexe moderne Sony Center symbolise la Potsdamer Platz.**

Chaque année, la Potsdamer Platz devient pour deux semaines le centre du cinéma mondial grâce au Festival international du film – la Berlinale. L'événement attire les vedettes du cinéma, les cinéphiles, les critiques et les spectateurs du monde entier. Souvent, la production qui emporte la Berlinale est une petite réalisation ambitieuse qui aborde des questions difficiles ou socialement importantes. La récompense la plus prestigieuse est l'Ours d'or du meilleur film (l'ours figure sur le blason de Berlin). Les autres sections du festival sont tout aussi intéressantes : « Panorama », qui présente des œuvres de réalisateurs confirmés, ou « Forum », avec ses films d'avant-garde expérimentaux.

Le musée d'art contemporain - Hamburger Bahnhof présente des œuvres d'art de la seconde moitié du XXᵉ s.

7 Mémorial des *Croix blanches*

Les croix blanches commémorent ceux qui trouvèrent la mort lors de leur tentative de fuite à l'Ouest.

Une douzaine de croix blanches (Gedenkort „Weiße Kreuze") est suspendue entre le Reichstag et la porte de Brandebourg, juste à côté du tracé du mur de Berlin. Là où la frontière passait le long de la Spree, la rive sud appartenait à Berlin-Ouest, tandis que la surface de l'eau restait la propriété de la RDA. Les premières croix blanches apparurent en 1971 derrière le portail à l'est du bâtiment du Reichstag, situé dans le secteur britannique. Les photos et extraits de journaux accrochés à côté des croix informaient sur les circonstances de la mort des victimes.

Ebertstraße/Scheidemannstraße

8 Hamburger Bahnhof – musée d'Art contemporain

Sur près de 10 000 m² sont présentées des œuvres d'artistes de la 2ᵉ moitié du XXᵉ s.

La galerie est logée dans le bâtiment de l'ancienne gare d'Hambourg du XIXᵉ s. (Hamburger Bahnhof – Nationalgalerie der Gegenwart). Parmi ses collections permanentes, on compte les œuvres d'Andy Warhol, Richard Long Anselm Kiefer, Roy Lichtenstein et Sigmar Polke. Notons l'exposition consacrée à l'œuvre de Joseph Beuys qui, dans son travail, utilisa des matériaux périssables, comme la graisse, le miel ou le feutre.

Invalidenstraße 50-51
www.smb.museum
mar.-mer., ven. 10h-18h, jeu. 10h-20h, sam.-dim. 10h-20h 8€ (4€) ; entrée gratuite le jeu. 16h-20h

9 Invalidenstraße

Le nom de la rue est dérivé de la Maison des invalides (Invalidenhaus) bâtie au XVIIIᵉ et destinée aux blessés de guerre.

L'histoire récente de Berlin associe Invalidenstraße au passage de frontière qui, depuis 1961, était le lieu des tentatives d'évasion de la RDA. À proximité se trouve un monument dédié à la première victime des gardes-frontières – Günter Litfin, un tailleur âgé de 24 ans qui tenta de parcourir à la nage le bassin portuaire.

Tiergarten

Suite aux rénovations d'après-guerre, le plus grand parc urbain, Großer Tiergarten, retrouva sa forme originelle. C'est un endroit idéal pour se promener ou se détendre.

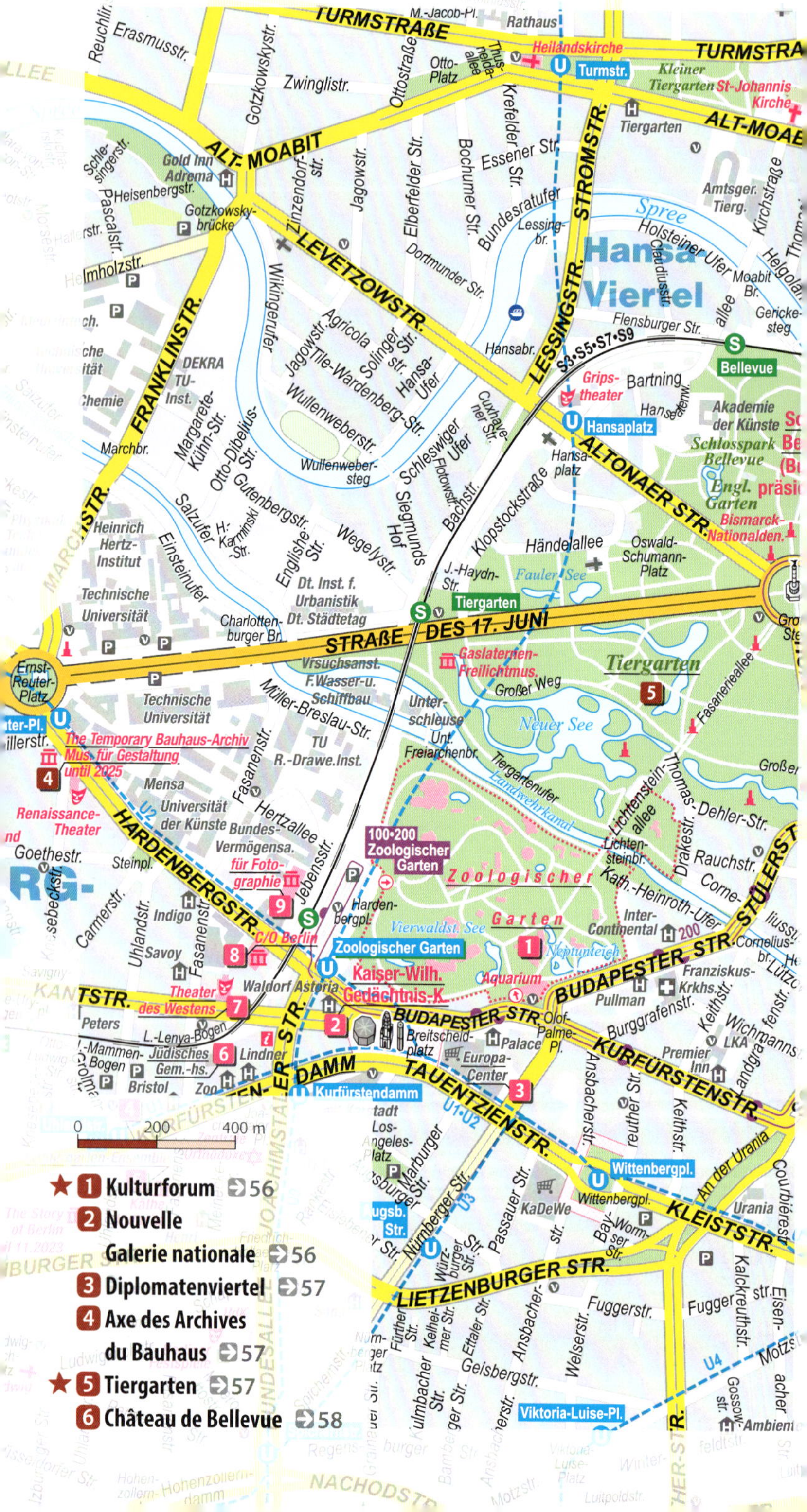

★ **1** Kulturforum ➲ 56
2 Nouvelle Galerie nationale ➲ 56
3 Diplomatenviertel ➲ 57
4 Axe des Archives du Bauhaus ➲ 57
★ **5** Tiergarten ➲ 57
6 Château de Bellevue ➲ 58

Seydlitzstr.
Lesser-Ury-Weg
Lehrter Str.
Minna-
Europa-pl.
List-Ufer
Humboldt-hafen
Medizin-hist.
Landger. Berlin
Wilsnacker Str.
Amts-gericht
U-Haftanstalt
Justizvollzugsa. Moabit
RATHENOWER STRASSE
Claire-Waldoff-Prom.
Otto-Dix-Str.
INVALIDENSTRASSE
C.-Jaschke-Str.
Al.-Zahn-Harnack-Str.
Berlin Hauptbf.
Hugo-Preuss-Br.
Futurium
Staats-anwaltschaft
Calvinstr.
Spenerstr.
Carl-von-Ossietzky-Park
Gerhardtstr.
Werftstr.
Alt-Moabit
B.-Benz-Str.
K.-Paulus-Str.
E.-Trebe-Str.
Rahel-Hirsch-Str.
Friedrich-
Spree
Kapelle-Ufer
1. I.-Schaeffer-Str.
2. G.-Heine-mann-Br.
3. Washingtonpl.
Lüneburgerstr.
Moltkebr.
Ludwig-Erhard-Ufer
Spree-bogen-park
Melanchthonstr.
Fleming-str.
PAUL-STRASSE
Ingebor-Drewitz-Allee
E.-Abegg-Str.
Willy-Brandt-Str.
Schweizerische Botschaft
Otto-v.-Bismarck-Allee
Adenauer-Str.
Kanzlerbr.
Bundeskanzleramt
Konrad-
Paul-Löbe-Hs.
Lüneburgerstr.
A.-Berend-Str.
Joachim-Karnatz-Allee
Kanzler-park
Bettina-v.-Arnim-Ufer
Bundestag
Paul-Löbe-Allee
Paul-Löbe-Allee
Pl. der Republik
Dt. Bundestag im Reichstag
Bellevue Ufer
Schloss Bellevue (Bundes-präsidialamt)
Hs. der Kulturen der Welt (Kongresshalle)
Tipi am Kanzleramt
Gr. Querallee
TIERGARTENTUNNEL
H.-v.-Gagern-Str.
Scheidemannstraße
Lutherbr.
John-Foster-Dulles-Allee
Carillon
Gedenkort „Weiße Kreuze"
Zeltenplatz
Großfürsten-platz
Yitzhak-R.-Str.
Sowjetisches Ehrenmal
Brandenburger T
SPREEWEG
Bellevueallee
Kleiner Stern
STRASSE DES 17. JUNI
Platz des 18. März
Siegessäule
Naturschutz. u. Grünfl.-amt
Flora Rosengarten
Tier-garten
Tiergarten
Ermordeten Juden Europas
Bellevueallee
Entlastungsstr.
Ahornsteig
Große Sternallee
Großer Weg
1. L.-Beck-Str.
2. Varian-Fry-Str.
3. Berl. Freiheit
4. H.-v.-Bülow-Str.
5. Am Park
B.-GURION-STR.
Kem-perpl.
LENNÉSTR.
Bellevuestr.
Aug.-Hauschner-Str.
EBERTSTR.
HOFJÄGERALLEE
Weg
Luiseninsel
Kunstgew.-mus.
Philhar-monie
Sony Center
H.-v.-Karajan-Str.
TIERGARTENSTR.
Diplomaten-viertel
Kulturforum
Musikinstr.-Mus.
Scharoun-str.
POTSDAMER STR.
Potsdamer Pl.
KLINGELHÖFERSTR.
Köbisstr.
Clara-Wieck-Str.
Hiroshimastr.
Hildebrandstr.
Gedenkstätte Deutscher Widerstand
Stauffenbergstr.
Sigismundstr.
St-Matthäus
Kollhoff Tower
Voxstr.
Alte Potsdamer Str.
Fontanepl.
300 Philharmonie Süd
Wissen-schafts-zentr.
V.-d.-Heydt-Str.
Hiroshima-steg
Herkules-ufer
Reichpietschufer
Bendlerblock
Central District
Hitzigallee
N. Nat.-galerie
Theater am Potsdamer Pl.
Eichhornstr.
The Place
Herkules-br.
Lützowufer
Landwehrkanal
Shell-House
Bendlerbr.
Schöneberger Ufer
Pots-damer Br.
Schellingstr.
Linkstr.
Gabriele-Tergit-Prom.
Bauhaus-Archiv in renovation
Sheraton
Reichpietschufer
G.-C.-Marshall Br.
Köthener
SCHILLSTR.
Lützowpl.
Lützowstr.
Kluckstr.
Evangelische Elisabeth Klinik
Am Karlsbad
M.-B.-
Hafenpl.
Mendelssohn-Bartholdy-Park
Berlin
K.H. Ulrich-Str.
Derfflingerstr.
Magde-burger Platz
Genthiner Str.
Kluckstr.
POTSDAMER STR.
Lützowstr.
Bissing-zeile
Flottwellstr.
Schöneberger Ufer
Köthener Br.
Schönebg. Br.
Schönebg. Str.
Ahornstr.
Maienstr.
Kielganstr.
Kurfürstenstr.
Pohlstr.
Körnerstr.
Pohlstr.
Park
Lucken-walder Str.
U1·U2·U3
Nollendf.-pl.
U1
E.-L.-Schüler-Str.
A.d. Apostelk.
Kurmärk. Str.
Zwölf-Apostel
Frobenstr.
Kurfürstenstr.
Kurfürstenstr.
Denne-witzstr.
Gleisdreieck
U1·U3
Nollendorfpl.
U4
Urban Nation
BÜLOWSTR.
Zietenstr.
Nelly-Sachs-Park
Gleisdreieck
am
Trebbiner
Nollendorf-str.
Maassenstr.
Schwerin-str.
Frobenstr.
Winterfeldtstr.
Bülowstr.
U2·U3
Blumenthalstr.
Denne-witzstr.
Lutherkirche
Deutsches Technikmuseum

La Nouvelle Galerie nationale est une icône du modernisme classique.

1 Kulturforum ★

Une philharmonie, des musées, des galeries de peintures, des instituts scientifiques et une bibliothèque nationale composent le centre de Culture et d'Art – Kulturforum.

L'architecte Hans Scharoun fut à l'initiative de ce forum. Le bâtiment de la philharmonie (Philharmonie), avec sa forme de tente et sa façade jaune, est le plus reconnaissable. Le musée des Instruments de musique (Musikinstrumenten-Museum) expose, entre autres, un violon d'Antonio Stradivari. De l'autre côté de la Potsdamer Straße se trouve l'édifice de la Bibliothèque nationale (Staatsbibliothek) construit dans un style similaire à celui du bâtiment de la philharmonie. En 1987, ce dernier a servi de décor à certaines scènes du film *Les Ailes du désir* (par Wim Wenders). La pinacothèque (Gemäldegalerie) présente des œuvres de Rubens, de Rembrandt ou du Caravage.

@ www.kulturforum-berlin.com
€ billet combiné pour tous les musées de Kulturforum : 18 € (9 €)
Philharmonie
✉ Herbert-von-Karajan-Straße 1
@ www.berliner-philharmoniker.de
Musée des Instruments de musique
✉ Tiergartenstraße 1 @ www.sim.spk-berlin.de ⌚ mar., mer., ven. 9h-17h, jeu. 9h-20h, sam.-dim. 10h-17h
Pinacothèque ✉ Stauffenbergstraße 40 (accès : Matthäikirchplatz)
⌚ mar.-mer., ven.-dim. 10h-18h, jeu. 10h-20h

2 Nouvelle Galerie nationale

Indépendamment des plans de Hans Scharoun et de son Kulturforum, on construisit à proximité la Nouvelle Galerie nationale.

Conçue d'après un plan carré, la Neue Nationalgalerie fonctionnel le aux parois de verre est considérée comme une icône du modernisme classique architectural. La galerie propose des peintures et des sculptures contemporaines, dont les œuvres d'Edvard Munch, Pablo Picasso, Paul Klee et Vassily Kandinsky, ainsi que les travaux des expressionnistes allemands Ernst Ludwig Kirchner et Karl Schmidt-Rottluff.

✉ Potsdamer Straße 50
@ www.smb.museum
⌚ mar.-mer., ven.-dim. 10h-18h, jeu. 10h-20h € 12 € (8 €)

3 Diplomatenviertel

La lisière sud du parc Tiergarten accueille une dizaine de représentations diplomatiques.

Ces sièges présentent une grande variété de styles. Le bâtiment de l'ambassade italienne n'est pas sans rappeler un palais Renaissance romaine. Les détails architecturaux sur les façades des ambassades de l'Inde, de l'Égypte et de l'Afrique du Sud se réfèrent à la culture et aux traditions de chaque pays. La mission diplomatique des Émirats arabes unis (Hiroshimastraße 16-20) ressemble à un palais oriental somptueusement décoré. Le complexe des ambassades des pays d'Europe du Nord (Rauchstraße 1) est tout aussi intéressant : les six bâtiments ont été entourés d'une ceinture de plaques mobiles de cuivre.

Tiergartenstraße 13-14

4 Axe des Archives du Bauhaus

La création d'archives documentant les réalisations de ses représentants était un vœu du fondateur de l'école, Walter Gropius (1883-1969).

Les archives de l'école du Bauhaus ont été fondées en 1960 à Darmstadt. Cependant, le plan d'y construire un bâtiment selon le projet de Walter Gropius n'a pas abouti. En 1979, de nouvelles archives et un nouveau musée ont été construits au-dessus du Landwehrkanal. Le toit denté caractéristique a été conservé des plans originaux.

L'idée de Walter Gropius était de créer un lieu où artistes et artisans pourraient travailler et créer ensemble, comme dans une « Bauhütte » médiévale. L'école a fonctionné de 1919 à 1933. Les maîtres (professeurs) étaient entre autres le designer et photographe hongrois László Moholy-Nagy, le peintre suisse Paul Klee et Vassily Kandinsky – graphiste et peintre russe.

Pour admirer pleinement la vue sur le vaste Tiergarten, il est conseillé de monter au sommet de la colonne de la Victoire.

Klingelhöferstraße 14
@ www.bauhaus.de t.l.j. 10h-18h
€ entrée gratuite ; musée en cours de rénovation jusqu'en 2025, exposition de remplacement dans la Knesebeckstraße 1-2 à Charlottenburg

5 Tiergarten ★

Le plus grand parc de Berlin (220 ha) est appelé le « poumon vert de la ville ». Les habitants y passent leur temps à se promener, faire du sport ou pique-niquer.

Dans la partie nord du Tiergarten se dresse le palais des Congrès (Kongresshalle) des années 1950. Il abrite la Maison des cultures du

L'élégant château de Bellevue est aujourd'hui le siège du président de l'Allemagne.

monde (Haus der Kulturen der Welt), qui promeut la culture des pays extra-européens. À proximité s'élève une tour avec un carillon composé de 68 cloches. Le parc est parsemé de lacs, de ponts pittoresques et de jardins qui agrémentent chaque promenade. À la tombée de la nuit, visitons le musée des Lanternes à gaz (près de la station S Tiergarten). La colonne de la Victoire (Siegessäule), qui commémore les campagnes militaires victorieuses de la Prusse au XIXe s., offre la meilleure vue sur le parc. À l'intérieur, on peut admirer une exposition de maquettes des bâtiments majeurs de Berlin.

Maison des cultures du monde
John-Foster-Dulles-Allee 10
www.hkw.de
Colonne de la Victoire
Straße des 17. Juni/Großer Stern
www.monument-tales.de
lun.-ven. 9h30-18h30, sam.-dim. 9h30-19h € 3,50 € (3 €)

La Straße des 17. Juni, près de la station S Tiergarten, accueille le plus grand marché aux puces de Berlin. Du côté de la station de métro, ce n'est qu'un simple bazar avec des vieilleries : bijoux, vêtements, porcelaine, meubles et livres. La deuxième partie est le secteur des marchands d'art et des produits d'artisanat.

6 Château de Bellevue

Depuis 1954, Schloss Bellevue du XVIIIe s. est le siège des présidents de l'Allemagne.

L'ancienne résidence des Hohenzollern doit son nom à la belle vue qui se déployait depuis les terrasses du jardin sur Charlottenburg. La salle ovale où l'on organise les réceptions est le joyau du château.

Spreeweg 1
www.bundespraesident.de

Pour se reposer après une promenade dans le Tiergarten, on peut se rendre au Café am Neuen See (Lichtensteinallee 2). Les bières pils et blanches sont à l'honneur, accompagnées de bretzels et de Leberkäse (hachis de viande cuit dans une terrine). On peut également louer une barque et faire un tour du lac. Qui aime l'eau peut aussi se rendre au bar Schleusenkrug (Müller-Breslau-Str./Tiergartenschleuse) pour s'asseoir à côté du canal avec vue sur l'écluse. Les amateurs de jardins à bière seront séduits par une place sous les hêtres.

Charlottenburg

Connue pour son imposante résidence des Hohenzollern, Charlottenburg a obtenu le statut de ville lors de sa fondation en 1705 et est devenue au fil des ans une source de fierté pour ses habitants.

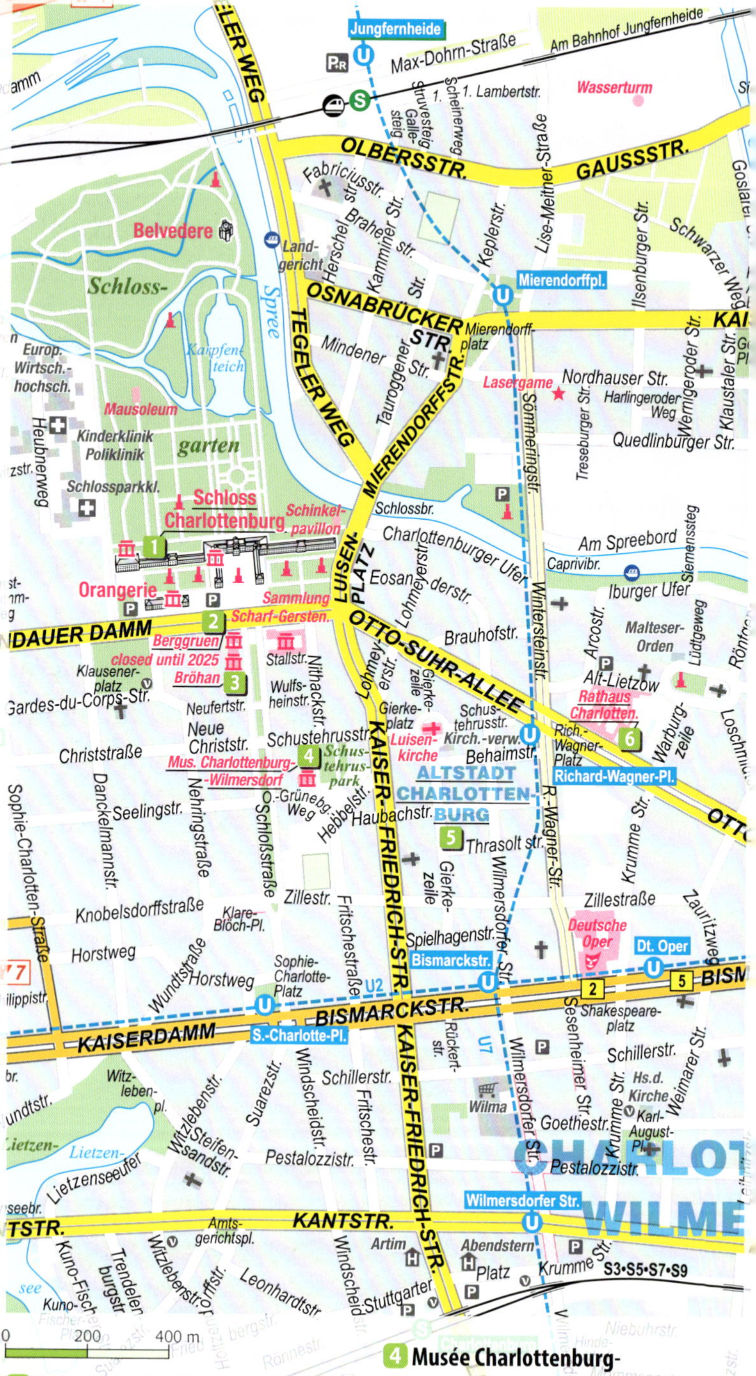

★ **1** Château de Charlottenburg ➔ 61

2 Musée Berggruen ➔ 62

3 Musée Bröhan ➔ 63

4 Musée Charlottenburg-Wilmersdorf ➔ 63

5 Vieille ville de Charlottenburg ➔ 63

6 Rathaus Charlottenburg ➔ 64

Le château de Charlottenburg fut construit pour Sophie-Charlotte. Sa tour emblématique surmontant la résidence fut érigée après la mort de la reine.

1 Château de Charlottenburg ★

Cette magnifique résidence baroque des Hohenzollern, fidèlement reconstruite après la Seconde Guerre mondiale, est un joyau parmi les palais berlinois.

Schloss Charlottenburg, conçu comme résidence d'été pour la princesse Sophie-Charlotte (1668-1705), fut baptisé en son honneur. La partie centrale, la plus ancienne du château, connue aujourd'hui comme le Vieux palais (Altes Schloss), date de la fin du XVIIe s. La résidence fut agrandie à plusieurs reprises, on érigea des ailes latérales et une tour de 50 m avec un dôme. La forme actuelle du château se concrétisa sous Frédéric II (1740-1786), période où l'on construisit la nouvelle aile (Neuer Flügel), ainsi qu'après sa mort. C'est à cette époque que l'on bâtit l'édifice néoclassique couronnant l'aile ouest, qui servait également de théâtre.

Parmi les chambres, aménagées dans un style royal, c'est le cabinet de porcelaine aux tons dorés qui est le plus impressionnant. On peut y admirer la collection de porcelaines chinoises et japonaises, comptant environ 2700 pièces. Les chambres du palais furent certes restaurées, mais les meubles, tableaux et équipements proviennent, pour la plupart, d'autres résidences.

Le château est entouré d'un parc bien entretenu. Sa partie principale, allant du château à l'étang, a une forme géometrique baroque, le reste étant réalisé dans le style anglais. Le parc accueille le belvédère de style baroque et néoclassique, le mausolée des Hohenzollern et le nouveau pavillon (Pavillon Neuer). Le belvédère abrite une belle collection de porcelaines provenant notamment de la célèbre manufacture royale de Berlin. Quant au mausolée des Hohenzollern du XIXe s., ce « temple dorique » est situé au fond du parc près de l'étang aux carpes.

Le modeste pavillon neuf, connu également sous le nom de pavillon de Schinkel (d'après l'auteur du projet, Karl Friedrich Schinkel), se trouve juste au bord de la Spree, dans l'aile est du palais. Construit entre 1824 et 1825 sur le modèle d'une villa italienne, il fait aujourd'hui partie du musée et présente les tableaux des romantiques allemands (Carl Blechen, Eduard Gaertner), des sculptures, du mobilier et des objets d'artisanat du début du XIXe s.

Le vaste parc du château de Charlottenburg mérite un détour.

Château Charlottenburg
Spandauer Damm 20-24
www.spsg.de
billet journalier : 19€ (14€)
Vieux palais
avr.-oct. mar.-dim. 10h-17h30, nov.-mars mar.-dim. 10h-16h30
12€ (8€)
Nouvelle aile
avr.-oct. mar.-dim. 10h-17h30, nov.-mars mar.-dim. 10h-16h30 12€ (8€)
Belvédère
temporairement fermé
Mausolée
avr.-oct. mar.-dim. 10h-17h30
3€ (2€)
Nouveau pavillon
avr.-oct. mar.-dim. 13h-17h, nov.-mars mar.-dim. 12h-16h 4€ (3€)

La plus belle chambre du palais, la chambre d'ambre, fut commandée par Frédéric Ier. Ses murs, faits entièrement d'ambre, furent placés – sans doute après la mort du roi – dans le palais municipal de Berlin, et non dans celui de Charlottenburg. En 1716, Frédéric-Guillaume Ier envoya la chambre à Saint-Pétersbourg en cadeau pour le tsar de Russie, Pierre le Grand. Après le démontage de la chambre en 1941, les nazis l'emportèrent dans des caisses à Königsberg. Trois ans plus tard, elle fut descendue dans les souterrains du château. Quand les troupes soviétiques conquirent Königsberg, elles ne trouvèrent rien dans les cachots. Depuis lors, la chambre est devenue le trésor le plus recherché de la Seconde Guerre mondiale.

2 Musée Berggruen

Museum Berggruen, qui présente une collection de peintures de la 1re moitié du XXe s., est un arrêt important sur la liste des galeries d'art berlinoises.

En 2000, Heinz Berggruen, collectionneur d'art, revendit à la ville 165 œuvres d'artistes du XXe s. Grâce à lui, le bâtiment des anciennes casernes des gardes-officiers, situé à proximité du château de Charlottenburg, propose aujourd'hui une magnifique collection d'œuvres de Pablo Picasso, Georges Brague, Henri Matisse et Paul Klee, complétée par les sculptures d'Alberto Giacometti.

Schloßstraße 1
www.smb.museum
fermé pour rénovation jusqu'en 2025

3 Musée Bröhan

Art nouveau, art déco et fonctionnalisme dans les arts appliqués des années 1889-1939 dominent les collections de Bröhan Museum.

Le *Jugendstil* – ou l'Art nouveau allemand – fut caractérisé par des lignes courbes, l'asymétrie, et une ornementation d'inspiration végétale. Au début du xxe s., les objets ordinaires se transformèrent en œuvres d'art. Depuis 1981, grâce au collectionneur berlinois Karl H. Bröhan qui fit don de l'essentiel de sa collection à la ville, on peut voir sur les trois étages du bâtiment des anciennes casernes, plus de 2 500 pièces en verre, céramique, bois, porcelaine, argent et autres métaux.

Schloßstraße 1a
www.broehan-museum.de
mar.-dim. 10h-18h € 8 € (5 €)

4 Musée Charlottenburg-Wilmersdorf

Dédié au quartier de Charlottenburg-Wilmersdorf, le musée organise des expositions sur le quotidien de ses habitants.

Les principaux thèmes abordés lors des expositions temporaires sont les traditions, les rituels, l'histoire des bâtiments ou institutions localisés dans ce quartier riche d'une histoire tricentenaire, mais aussi des biographies des habitants célèbres. Le siège de Heimatmuseum Charlottenburg-Wilmersdorf, la belle villa Oppenheim de la fin du xixe s., appartenait autrefois à la famille du même nom.

Schloßstraße 55
www.villa-oppenheim-berlin.de, www.keramik-museum-berlin.de
mar.-ven. 10h-17h, sam.-dim. 11h-17h
€ entrée gratuite

Aménagé dans le bâtiment des anciennes casernes, le musée Berggruen présente les œuvres d'artistes du xxe s.

5 Vieille ville de Charlottenburg

Au début du xviiie s., sur ordre du roi, une ville destinée aux courtisans a été conçue à proximité du château.

Le point central de la vieille ville de Charlottenburg (Altstadt Charlottenburg) est une place ronde (aujourd'hui Gierkeplatz) avec une église de 1716 baptisée en l'honneur de la reine Louise (Luisenkirche). Tout autour, les rues se coupent à angle droit. Schloßstraße, le plus ancien boulevard de Charlottenburg, reste

L'hôtel de ville datant de 1905 rappelle les traditions urbaines de Charlottenburg.

la voie principale, tout comme Berliner Straße (aujourd'hui Otto-Suhr-Allee), menant à la capitale à travers le Tiergarten.

De nos jours, dans la partie la plus ancienne de Charlottenburg, les maisons et les villas restaurées (p. ex. celle située Schloßstraße 67, datant de 1873) avoisinent les bâtiments nouveaux, en particulier des années 1970 et 1980 (p. ex. la salle de sport de 1988 – Schloßstraße 56). Cette mixité s'observe au cours d'une promenade le long de Schloßstraße, puis Schustehrusstraße, à travers Gierkeplatz jusqu'à Richard-Wagner-Platz.

6 Rathaus Charlottenburg

La hauteur de la tour de l'hôtel de ville (89 m) qui surplombe le bâtiment devait témoigner de la prospérité de la population de Charlottenburg.

La façade de cet édifice monumental de style Art nouveau datant de 1905 est décorée de nombreux ornements et de sculptures – allégories de corporations de marchands. Le décor intérieur d'origine ne fut conservé que dans la salle de réunion des autorités municipales, appelée salle de Minna Cauer (militante allemande pour les droits des femmes). Au deuxième étage, la salle du Souvenir, dédiée aux victimes de la guerre et du régime nazi, mérite qu'on s'y attarde. Sur le mur du couloir adjacent sont accrochés des portraits des membres de la Résistance des années 1933-1945. Au troisième étage, on peut voir deux tableaux contemporains représentant la reine de la Prusse, Sophie-Charlotte.

Otto-Suhr-Allee 100
€ entrée gratuite

Le soir, on joue du jazz à Charlottenburg. Les fans de jazz moderne et innovant devraient se rendre au club A-Trane (Bleibtreusstraße 1). L'ambiance est digne d'un film : l'établissement est petit, intime, légèrement rempli de fumée et toujours plein de clients. Plusieurs concerts y sont organisés chaque mois (prix d'entrée : 15-20 €). Le club et restaurant Badenscher Hof (Badensche Str. 29, www.badenscher-hof.de) se trouve également à proximité. Des concerts y sont régulièrement organisés les mercredis et vendredis à partir de 20h (5-15 €).

Spandauer Vorstadt

Spandauer Vorstadt est considéré comme le quartier historique le mieux préservé de Berlin. Aucun autre lieu ne propose une vie nocturne aussi riche et variée.

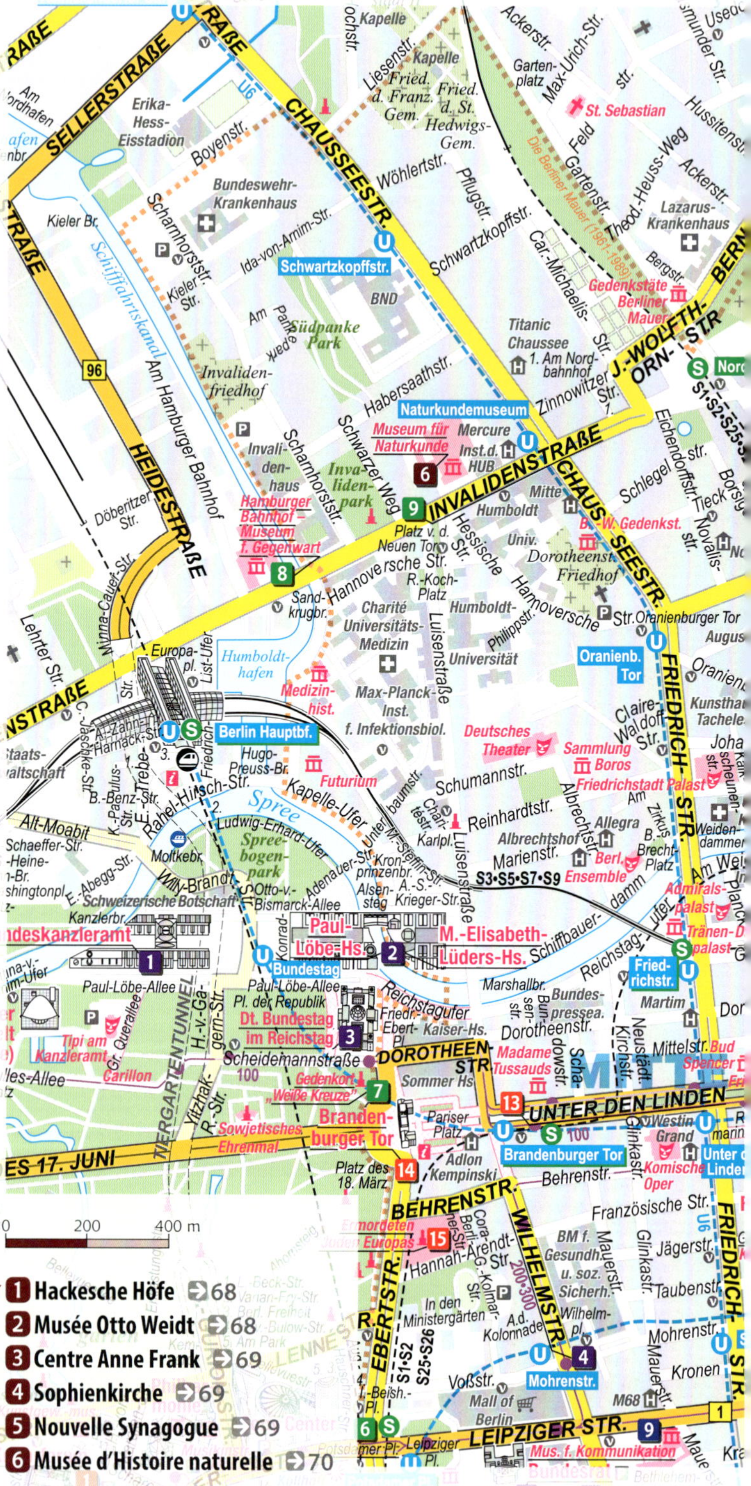

Sellerstraße
Heidestraße
Chausseestr.
Invalidenstraße
Friedrich-Str.
Unter den Linden
Dorotheenstr.
Behrenstr.
Wilhelmstr.
Ebertstr.
Leipziger Str.
Straße des 17. Juni
Tiergartentunnel
Erika-Hess-Eisstadion
Bundeswehr-Krankenhaus
Schwartzkopffstr.
BND
Südpanke Park
Invalidenfriedhof
Invalidenhaus
Invalidenpark
Hamburger Bahnhof – Museum f. Gegenwart
Naturkundemuseum
Museum für Naturkunde
Mercure
Inst.d. HUB
Humboldt Univ.
Dorotheenst. Friedhof
B.-W. Gedenkst.
Gedenkstätte Berliner Mauer
Die Berliner Mauer (1961–1989)
St. Sebastian
Lazarus-Krankenhaus
Titanic Chaussee
Charité Universitäts-Medizin
Humboldt-Universität
Max-Planck-Inst. f. Infektionsbiol.
Medizin-hist.
Humboldthafen
Berlin Hauptbf.
Futurium
Deutsches Theater
Sammlung Boros
Friedrichstadt Palast
Oranienb. Tor
Spree
Spreebogenpark
Schweizerische Botschaft
Bundeskanzleramt
Paul-Löbe-Hs.
M.-Elisabeth-Lüders-Hs.
Bundestag
Dt. Bundestag im Reichstag
Tipi am Kanzleramt
Carillon
Gedenkort „Weiße Kreuze"
Sowjetisches Ehrenmal
Brandenburger Tor
Madame Tussauds
Berl. Ensemble
Admiralspalast
Tränen-palast
Friedrichstr.
Adlon Kempinski
Komische Oper
Ermordeten Juden Europas
Mohrenstr.
Mall of Berlin
Mus. f. Kommunikation
0 200 400 m

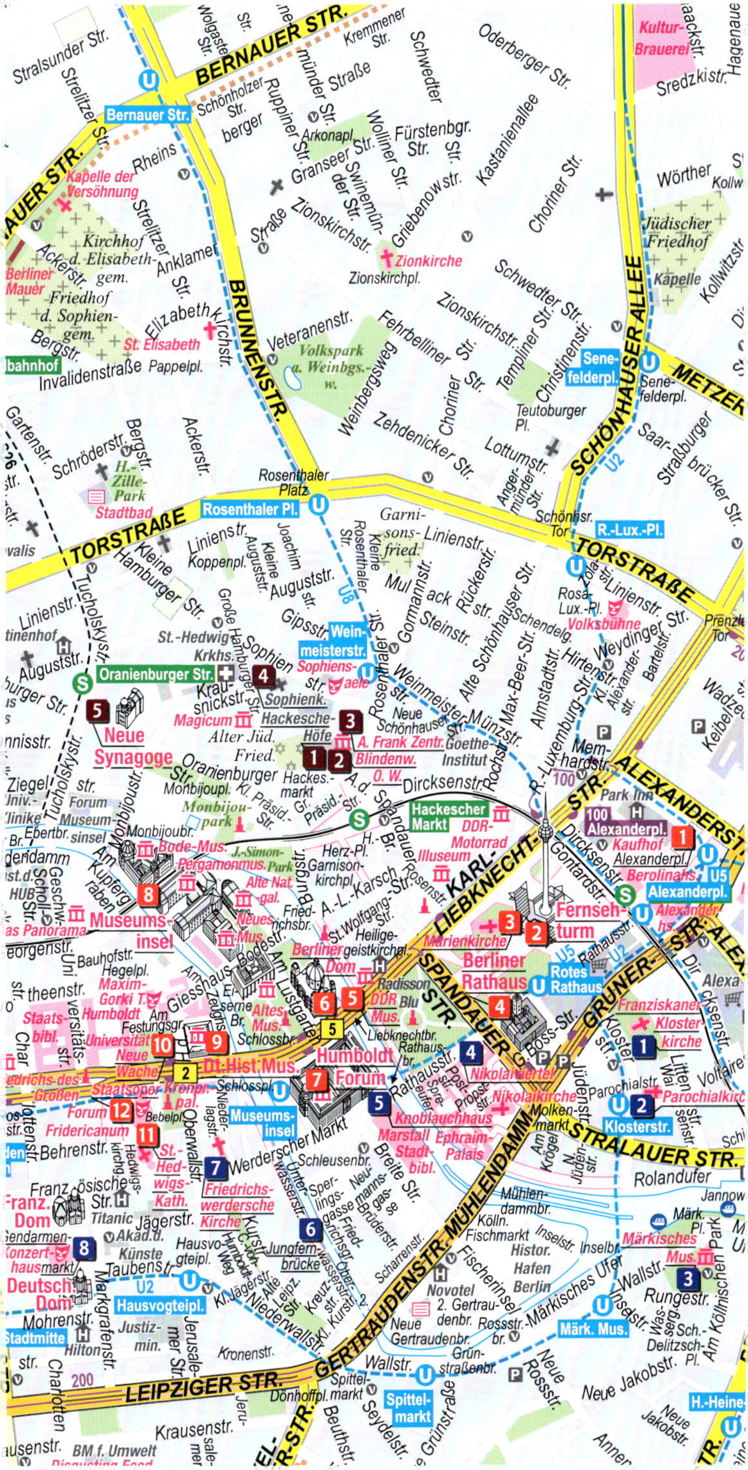
Bernauer Str.
Bernauer Str.
Kremmener Str.
Schwedter Str.
Oderberger Str.
Kultur-Brauerei
Sredzkistr.
Stralsunder Str.
Strelitzer Str.
Wolgaster Str.
Schönholzer Str.
Ruppiner Str.
Arkonapl.
Swinemünder Str.
Wolliner Str.
Fürstenbgr. Str.
Kastanienallee
Granseer Str.
Griebenowstr.
Choriner Str.
Wörther Str.
Kollwitzpl.
Jüdischer Friedhof
Kapelle
Kollwitzstr.
Kapelle der Versöhnung
Rheinsberger Str.
Zionskirchstr.
Zionkirche
Zionskirchpl.
Kirchhof d. Elisabeth-gem.
Berliner Mauer
Ackerstr.
Anklamer Str.
Friedhof d. Sophien-gem.
Bergstr.
Elizabethkirchstr.
St. Elisabeth
Invalidenstraße
Pappelpl.
Brunnenstr.
Veteranenstr.
Volkspark a. Weinbgs.-w.
Weinbergsweg
Fehrbelliner Str.
Zionskirchstr.
Schwedter Str.
Templiner Str.
Christinenstr.
Senefelderpl.
Schönhauser Allee
Metzer Str.
Teutoburger Pl.
Zehdenicker Str.
Lottumstr.
Angermünder Str.
Saarbrücker Str.
Straßburger Str.
Gartenstr.
Schröderstr.
H.-Zille-Park
Stadtbad
Rosenthaler Platz
Rosenthaler Pl.
Garnisons-fried.
Linienstr.
Torstraße
Schönhsr. Tor
R.-Lux.-Pl.
Kleine Hamburger Str.
Koppenpl.
Joachimstr.
Auguststr.
Kleine Rosenthaler Str.
Mulackstr.
Rückerstr.
Gormannstr.
Steinstr.
Rosa-Lux.-Pl.
Volksbühne
Schendelg.
Weydinger Str.
Prenzlauer Tor
Tucholskystr.
St.-Hedwig Krkhs.
Große Hamburger Str.
Sophienstr.
Gipsstr.
Weinmeisterstr.
Oranienburger Str.
Krausnickstr.
Sophienk.
Sophiensaele
Neue Synagoge
Magicum
Hackesche Höfe
A. Frank Zentr.
Blindenw.
O. W.
Alter Jüd. Fried.
Neue Schönhauser Str.
Münzstr.
Goethe-Institut
Max-Beer-Str.
Almstadtstr.
Alte Schönhauser Str.
R.-Luxemburg-Str.
Hirtenstr.
Memhardstr.
Alexanderstr.
Park Inn
Alexanderpl.
Kaufhof
Berolinahs.
Alexanderhs.
Dircksenstr.
Hackescher Markt
Monbijoupl.
Monbijoupark
Monbijoustr.
Ziegelstr.
Forum Museum
DDR-Motorrad
Illuseum
Bode-Mus.
Pergamonmus.
J.-Simon-Park
Alte Nat.-gal.
Neues Mus.
Herz-Pl.
Garnisonkirchpl.
A.-L.-Karsch-Str.
St. Wolfgang-Str.
Heilige-geistkirchpl.
Karl-Liebknecht-Str.
Fernsehturm
Marienkirche
Berliner Rathaus
Rotes Rathaus
Gontardstr.
Rathausstr.
Grunerstr.
Museumsinsel
Am Kupfergraben
Dorotheenstr.
Bauhofstr.
Hegelpl.
Maxim-Gorki T.
Humboldt Universität
Staatsbibl.
Neue Wache
Zeughaus
Berliner Dom
Radisson Blu
DDR Mus.
Am Lustgarten
Schlossbr.
Liebknechtbr.
Rathausbr.
Spandauer Str.
Franziskaner Klosterkirche
Klosterstr.
Littenstr.
Parochialkirche
Voltairestr.
Dt. Hist. Mus.
Humboldt Forum
Schlosspl.
Nikolaiviertel
Nikolaikirche
Poststr.
Propststr.
Molkenmarkt
Jüdenstr.
Klosterstr.
Stralauer Str.
Forum Fridericianum
Staatsoper
Kronpr.-pal.
Bebelpl.
Oberwallstr.
Niederlagstr.
Museumsinsel
Behrenstr.
St.-Hedwigs-Kath.
Werderscher Markt
Friedrichswerdersche Kirche
Knoblauchhaus
Marstall Stadtbibl.
Ephraim-Palais
Breite Str.
Mühlendammbr.
Rolandufer
Französische Str.
Franz. Dom
Titanic
Jägerstr.
Gendarmenmarkt
Konzerthaus
Akad.d. Künste
Hausvogteipl.
Taubenstr.
Deutsch. Dom
Kurstr.
Jungfernbrücke
Unterwasserstr.
Schleusenbr.
Köllnischer Fischmarkt
Histor. Hafen Berlin
Inselstr.
Inselbr.
Märkisches Mus.
Märkisches Ufer
Wallstr.
Fischerinsel
Gertraudenstr.
Mühlendamm
Novotel
Mohrenstr.
Markgrafenstr.
Justizmin.
Niederwallstr.
Kronenstr.
Wallstr.
Neue Gertraudenbr.
Roßstr.-br.
Grünstraßenbr.
Rungestr.
Märk. Mus.
Am Köllnischen Park
Neue Jakobstr.
Stadtmitte
Hilton
Leipziger Str.
Spittelmarkt
Dönhoffpl.
Seydelstr.
Grünstraße
Beuthstr.
Charlottenstr.
Krausenstr.
Jerusalemer Str.
Axel-Springer-Str.
Neue Rossstr.
H.-Heine-Str.
BM f. Umwelt

La façade est de la Ire cour est décorée de carreaux de céramique. Les bâtiments décorés en style Art nouveau cachent des salles de danse, des cinémas et des théâtres.

1 Hackesche Höfe ★

Le complexe de bâtiments du début du xxe s. concentré autour de huit cours interconnectées est le plus grand projet architectural de ce genre en Allemagne.

Les réalisations faisant partie de l'ensemble Hackesche Höfe devaient servir d'exemple architectural pour la fututre. La première cour (Hof I) a accueilli des restaurants, salles de danse, et plus tard, des cinémas et théâtres. Un lieu pour l'art, la culture et le divertissement exigeait un cadre approprié, c'est pourquoi les façades des bâtiments sont richement décorées de carreaux de faïence monochromes, bleus ou blancs, de style Art nouveau. Autour des autres cours plus modestes (nos II et III) se concentrait l'activité économique. Aujourd'hui, s'y trouvent des galeries d'art, des boutiques, des antiquaires et des cafés. La cour n° IV, avec une fontaine et un petit square vert, est un bon endroit pour se reposer. Les autres cours (V, VI, VII, VIII) sont séparées par un muret du parc avoisinant le cimetière, à proximité de l'église Sainte-Sophie (Sophienkirche).

✉ Rosenthaler Straße 40-41
@ www.hackesche-hoefe.com

Dans la 2e moitié du XVIIe s., Frédéric-Guillaume Ier autorisa les 50 familles juives les plus riches de Vienne à s'installer dans le Brandebourg, et ordonna la construction de 27 granges en dehors des murs de Berlin. Le nom Scheunenviertel (quartier des granges) est toujours utilisé pour désigner la zone située entre Hackescher Markt et Rosa-Luxemburg-Platz. En 1737, Frédéric-Guillaume Ier ordonna à tous les juifs sans propriété foncière d'emménager à Scheunenviertel, dénommé depuis lors « le quartier juif ». Les bâtiments endommagés du Spandauer Vorstadt avec leurs cours pittoresques (Hackesche Höfe) furent rénovés après 1990.

2 Musée Otto Weidt

L'industriel Otto Weidt (1883-1947) sauva la vie à des dizaines de juifs en les employant et en les cachant dans son usine de fabrication de brosses et de balais.

Puisque l'usine vendait l'essentiel de sa production à l'armée allemande, elle reçut le statut d' « important à

L'histoire de la plus célèbre jeune fille juive est présentée au Centre Anne Frank et apporte des éléments de discussion sur des sujets généraux tels que la guerre, l'identité et la discrimination.

des fins militaires ». Grâce à cela, son propriétaire put protéger ses employés. Au premier étage de l'édifice qui logeait cet établissement industriel se trouve aujourd'hui Museum Blindenwerkstatt Otto Weidt.

Rosenthaler Straße 39
@ www.museum-blindenwerkstatt.de
t.l.j. 10h-18h
€ entrée gratuite

3 Centre Anne Frank

Le centre Anne Frank de Berlin est l'une des institutions qui préservent vigoureusement la mémoire de l'Holocauste.

Annelies Marie « Anne » Frank (1929-1945) était une juive née à Francfort-sur-le-Main. Son journal intime fut publié en plusieurs langues. L'exposition du Anne Frank Zentrum « Tout sur Anne » (« Alles über Anne ») présente la biographie de la jeune fille, complétée par les photos et objets personnels appartenant à sa famille.

Rosenthaler Straße 39
@ www.annefrank.de
mar.-dim. 10h-18h
€ 8€ (4€)

4 Sophienkirche

L'église fut fondée en 1712 par Sophie-Louise de Mecklembourg (1685-1735), reine de Prusse, et troisième épouse de Frédéric Ier.

L'église Sainte-Sophie se distingue par sa belle tour baroque (69 m) que l'on peut voir de loin. La partie intérieure de l'édifice fut remaniée dans le style néobaroque en 1892. L'église a perdu sa décoration d'origine, mais bénéficie aujourd'hui de l'éclairage électrique et du chauffage.

Große Hamburger Straße 29-30
@ www.sophien.de t.l.j. 14h-18h
€ entrée gratuite

5 Nouvelle Synagogue

« Un beau théâtre et non pas une synagogue » – nombreux sont les membres de la communauté juive pour qui l'architecture et le mobilier de l'édifice manquent de sobriété.

Ce bâtiment de style mauresque aux décorations fines possède des dômes dorés. Après la guerre, les parties endommagées de Neue Synagoge furent retirées, on n'en laissa qu'un fragment dans la rue en guise de souvenir. À l'intérieur de la synagogue, grâce à une exposition du « Centrum Judaicum », on peut en apprendre plus sur l'histoire de l'édifice et sur sa reconstruction dans les années 1990.

✉ Oranienburger Straße 28-30 @ www.centrumjudaicum.de 🕘 avr.-sept. lun.-ven. 10h-18h, dim. 10h-19h, oct.-mars dim.-jeu. 10h-18h, ven. 10h-15h (coupole : avr.-sept.) € 7 € (4,50 €)

6 Musée d'Histoire naturelle

Sous le toit vitré de la cour principale trône le squelette du plus grand dinosaure du monde, qui atteint 13,27 m de haut.

La salle avec ses six squelettes est un élément central de Museum für Naturkunde. L'exposition qui y est présentée, « Le monde des dinosaures » (« Saurierwelt »), illustre la vie en Afrique de l'Est il y a plus de 150 millions d'années. Sur un écran rond qui monte et descend au-dessus des sièges du public, on regarde une animation d'une dizaine de minutes sur l'histoire de l'univers depuis le Big Bang jusqu'à la formation des planètes. On va également trouver des réponses aux questions sur le monde des animaux : pourquoi le zèbre a-t-il des rayures ou à quoi le beau plumage des paons leur sert-il ?

✉ Invalidenstraße 43 @ www.museum-fuernaturkunde.berlin 🕘 mar.-ven. 9h30-18h, sam.-dim. 10h-18h € 8 € (5 €)

↑ Le style mauresque de la synagogue, consacrée en 1866, n'a pas séduit beaucoup d'adeptes de la religion juive.

Considéré comme l'un des plus grands réformateurs du théâtre contemporain, Bertolt Brecht a passé les dernières années de sa vie dans une maison située au 125 Chausseestraße. Aujourd'hui, le bâtiment accueille le musée Bertolt Brecht et Hélène Weigel, consacré à l'œuvre et la vie de l'écrivain, mais également à sa femme. En plus de la riche bibliothèque et des archives, il est possible de voir l'appartement que le dramaturge a occupé jusqu'à sa mort en 1956. Trois pièces sont conservées dans leur état d'origine. De la fenêtre du bureau où l'écrivain aimait travailler, on voit le cimetière où lui et sa femme sont enterrés. Après la fin de la Seconde Guerre mondiale, Bertolt Brecht a fondé un théâtre, le Berliner Ensemble, qui existe toujours. Avant la guerre, sous le nom de « nouveau théâtre », c'était l'une des meilleures scènes allemandes. En 1928, une avant-première de « L'Opéra de quat'sous », l'œuvre la plus célèbre de l'écrivain, y a eu lieu.

Friedrichshain

Ce quartier est un intéressant mélange entre la tradition d'une cité ouvrière typique du XIXe s. et le passé turbulent des premières années de la capitale de la République démocratique allemande.

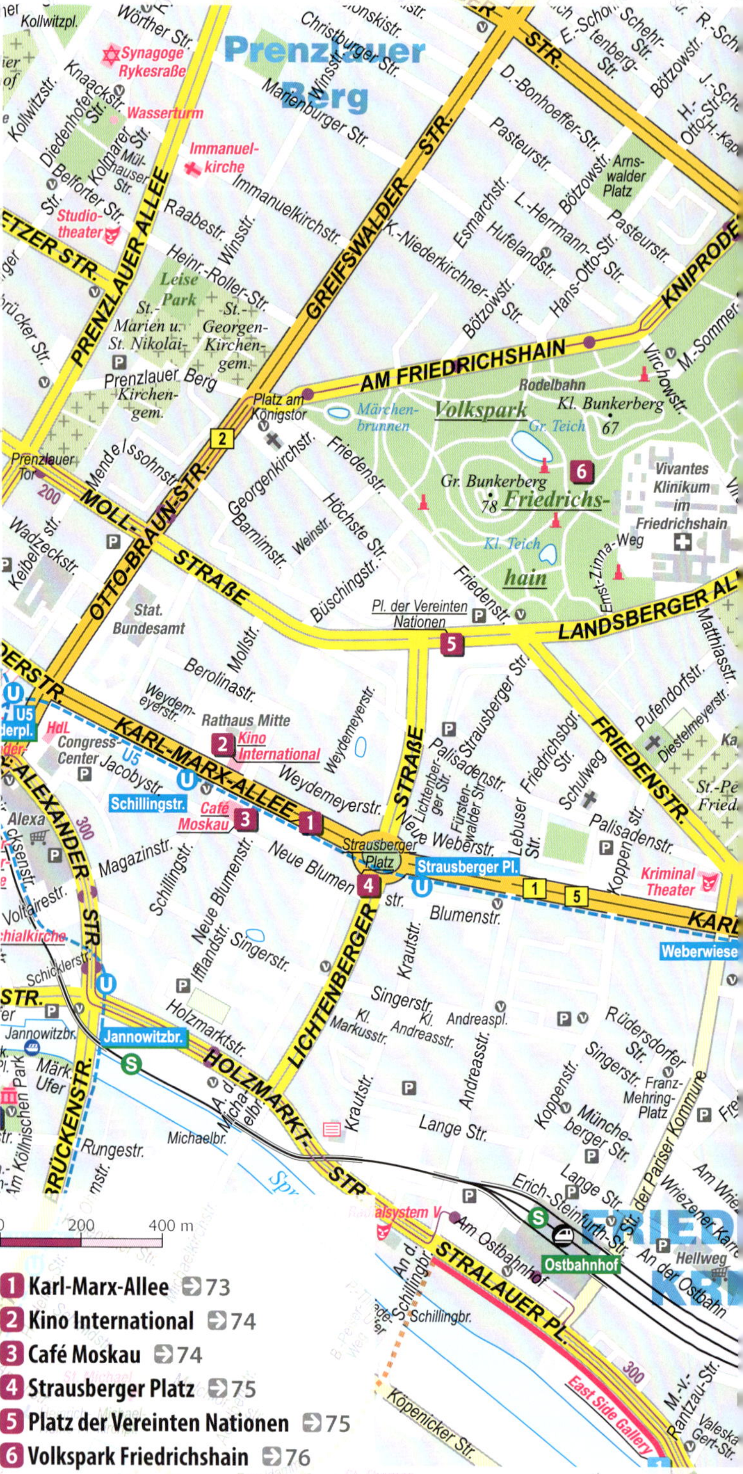

1 Karl-Marx-Allee ➔73
2 Kino International ➔74
3 Café Moskau ➔74
4 Strausberger Platz ➔75
5 Platz der Vereinten Nationen ➔75
6 Volkspark Friedrichshain ➔76

Ouvert en 1963, Kino international témoigne du style réaliste socialiste de la Karl-Marx-Allee.

1 Karl-Marx-Allee

L'architecte Aldo Rossi appela l'avenue Karl Marx, qui prend la direction de Moscou, « le dernier grand boulevard d'Europe ».

L'avenue fait 90 m de large. Dans les années 1950, on y construisit des édifices monumentaux, combinant les fonctions : services, bureaux et habitations. Leur style est qualifié de *Zuckerbäckerstil* (littéralement : style du pâtissier). Monstrueux, mais simples dans leur forme symétrique, les édifices étaient décorés de nombreux éléments rappelant le style de l'art byzantin et classique. Les bâtiments surdécorés ressemblaient à un gâteau aux garnitures excessives.

Les constructions les plus reconnaissables de l'avenue sont les tours jumelles aux coupoles singulières situées sur les deux côtés de l'artère. Avec la station de métro Frankfurter Tor, elles indiquent l'extrémité orientale de l'avenue.

À la veille de la réunification de l'Allemagne, le 2 octobre 1990, le complexe de bâtiments de la Karl-Marx-Allee se vit octroyer le statut de monument historique. Les autorités de la ville décidèrent de remplacer les lanternes vieilles de plusieurs dizaines d'années, qui répandaient à l'époque leur lumière sur « la rue la plus éclairée » de la RDA.

@ www.kma-portal.de

La construction des bâtiments de la Karl-Marx-Allee a débuté en 1952. Les grands bâtiments compacts au style unique, achevés en un temps record de deux ans, ont été qualifiés par la presse de « palais pour le peuple ». Les appartements avec parquet, téléphone et vide-ordures dans la cage d'escalier étaient considérés comme extrêmement luxueux. Les terrasses ouvertes sur les toits, accessibles à tous les habitants de l'immeuble, sont devenues légendaires.

Les intérieurs du Café Moskau, l'ancien café-restaurant, servent de cadre pour des expositions ou des soirées dansantes.

2 Kino International

Le seul cinéma de Berlin où le décor et l'ambiance illustrent parfaitement l'esprit de la RDA.

Longtemps après son ouverture en 1963, ce cinéma est resté le plus grand du pays (600 sièges). Les hauts fonctionnaires et militants du parti, qui venaient assister à des premières, réservaient les sièges au huitième rang, avec une vue optimale sur l'écran et plus d'espace pour s'asseoir. La salle fut rénovée dans les années 1990. L'ambiance de ce cinéma historique fut appréciée par les organisateurs du festival Berlinale, qui l'inclurent dans leur programme. La direction du cinéma perpétue la belle tradition d'informer sur les premières à l'aide d'affiches réalisées à la main sur des toiles géantes en lin.

Karl-Marx-Allee 33
@ www.kino-international.com

3 Café Moskau

Sur les sept cafés nommés d'après les capitales des anciens pays signataires du pacte de Varsovie qui existaient à Berlin avant 1989, seul le Café Moskau a survécu au changement de système polique.

Notons le modèle de Spoutnik grandeur nature installé sur le toit du grand bâtiment de l'ancien café aux parois de verre. Ce fut un cadeau de l'ambassade de l'URSS à Berlin. La façade est ornée d'impressionnantes mosaïques (9 sur 15 m) aux décors inspirés de la vie des peuples soviétiques et de leur amitié avec d'autres pays.

Le Café Moskau proposait des spécialités russes et ukrainiennes. Après 1989, l'établissement fut fermé, et ses intérieurs originaux furent utilisés comme cadre pour des films et des vidéos musicales. À l'heure actuelle, on y organise des conférences, des expositions et des soirées dansantes.

Les deux gratte-ciel de chaque côté de Strausberger Platz se réfèrent à l'ancienne porte qui menait au centre.

Karl-Marx-Allee 34
www.cafemoskau.com

4 Strausberger Platz

L'ovale Strausberger Platz sépare les quartiers de Friedrichshain du Mitte. Les deux gratte-ciel de chaque côté de la rue sont semblables aux tours de la porte qui mène au centre-ville historique.

La place fut intégrée à Berlin dans les années 1730. Sa plus grande fierté est la fontaine de 1967, réalisée à l'aide de 18 plaques de cuivre aux ornements artistiques et formant un anneau au milieu duquel, en plein été, l'eau peut atteindre jusqu'à 18 m de hauteur.

Par sa conception architecturale, la place constituait une frontière entre les bâtiments traditionnels de la Karl-Marx-Allee et les édifices modernes et plus légers de l'Alexanderplatz. Pour la construction des deux gratte-ciel situés du côté ouest de la place, on utilisa des éléments en béton armé préfabriqués. Dans l'un de ces bâtiments se trouvait l'atelier de l'architecte Hermann Henselmann. Cet immeuble, appelé Haus des Kindes (maison des enfants), était une construction mixte entre habitation et grand magasin, mais aussi un théâtre de marionnettes, un bar et une terrasse d'observation. L'entrée était réservée aux « adultes accompagnés d'enfants ».

Au Moyen Âge, près de l'actuelle Strausberger Platz, se trouvait un site d'exécution publique. En 1540, Hans Kohlhase, un marchand de Cölln, y fut soumis au supplice de la roue. La figure de ce bourgeois du XVIe s., victime d'une injustice qui s'engagea dans une procédure de représailles sanglantes, a inspiré l'écrivain romantique allemand Heinrich von Kleist dans son roman « Michael Kohlhaas ».

5 Platz der Vereinten Nationen

Malgré le changement de nom, cette place est toujours associée à Lénine, dont la statue a attiré les visiteurs pendant plus de 20 ans.

Le gratte-ciel à trois niveaux en plaques de béton, aux côtés de forme oblongue, et le pavillon abritant des commerces et services divers bordent la place, qui dans les années 1970 et 1980 fut considérée comme un exemple représentatif de l'architecture résidentielle de la RDA. Le monument dédié à Lénine faisait 19 m de hauteur. En 1992, il fut démantelé en 126 pièces que l'on enfonça dans le sol dans la zone du lac de Müggelsee. Pour combler le vide laissé par la suppression de la statue dans le paysage de la place, après avoir rebaptisé celle-ci en l'honneur de l'ONU, on réalisa un petit square verdoyant avec une dizaine de roches et cinq fontaines, qui symbolisent les cinq continents habités du monde.

6 Volkspark Friedrichshain

Une promenade dans le plus ancien parc de Berlin, créé en 1848 pour « tous, indépendamment de leur position sociale », est un voyage dans le passé à travers 150 ans d'histoire locale, avec les cités ouvrières pour décor.

Au milieu du XIXe s., dans les zones orientales de la ville, vivaient surtout les familles ouvrières qui travaillaient dans les usines et manufactures. C'est pour elles que la ville a réalisé ce parc accessible à tous, indépendamment de la position sociale.

Après la réunification de l'Allemagne, on entreprit la revitalisation du parc. C'est alors que l'on trouva les restes d'une colonne décorative sur laquelle se trouvait jusqu'en 1952 un buste de Frédéric le Grand. Le square fut baptisé en son honneur, puis, par extension, le quartier tout entier. Le piédestal restauré fut réinstallé dans le parc en 2000.

Le caractère et l'apparence du parc du Peuple de Friedrichshain contemporain datent d'après la Seconde Guerre mondiale. Son atout est la fontaine des Contes de fées (Märchenbrunnen), du début du XXe s., située dans la partie ouest et construite pour apporter de la joie aux enfants qui travaillaient souvent dans les usines. Elle est décorée de plus d'une centaine de sculptures, représentant des personnages de contes des frères Grimm. Dans la partie nord-ouest du parc se trouve le centre de sport et de loisirs (SEZ), qui propose des activités de détente et un cinéma en plein air. À la lisière subsistent plusieurs pierres tombales et une pierre commémorative – les vestiges du cimetière des victimes de la révolution de mars (1848).

La fontaine des Contes dans le parc Friedrichshain est ornée de statues représentant des personnages des récits des frères Grimm.

Am Friedrichshain/Friedenstraße (entrée principale)

fontaine des Contes de fées lun.-ven. 8h-22h, sam.-dim. 9h-22h, parc 24h/24

East Side

La partie la plus ancienne du quartier de Treptow (depuis 2001 : Treptow-Köpenick), qui s'étend le long de la Spree, combine le caractère d'une cité industrielle au nord et le charme d'un paysage verdoyant au sud.

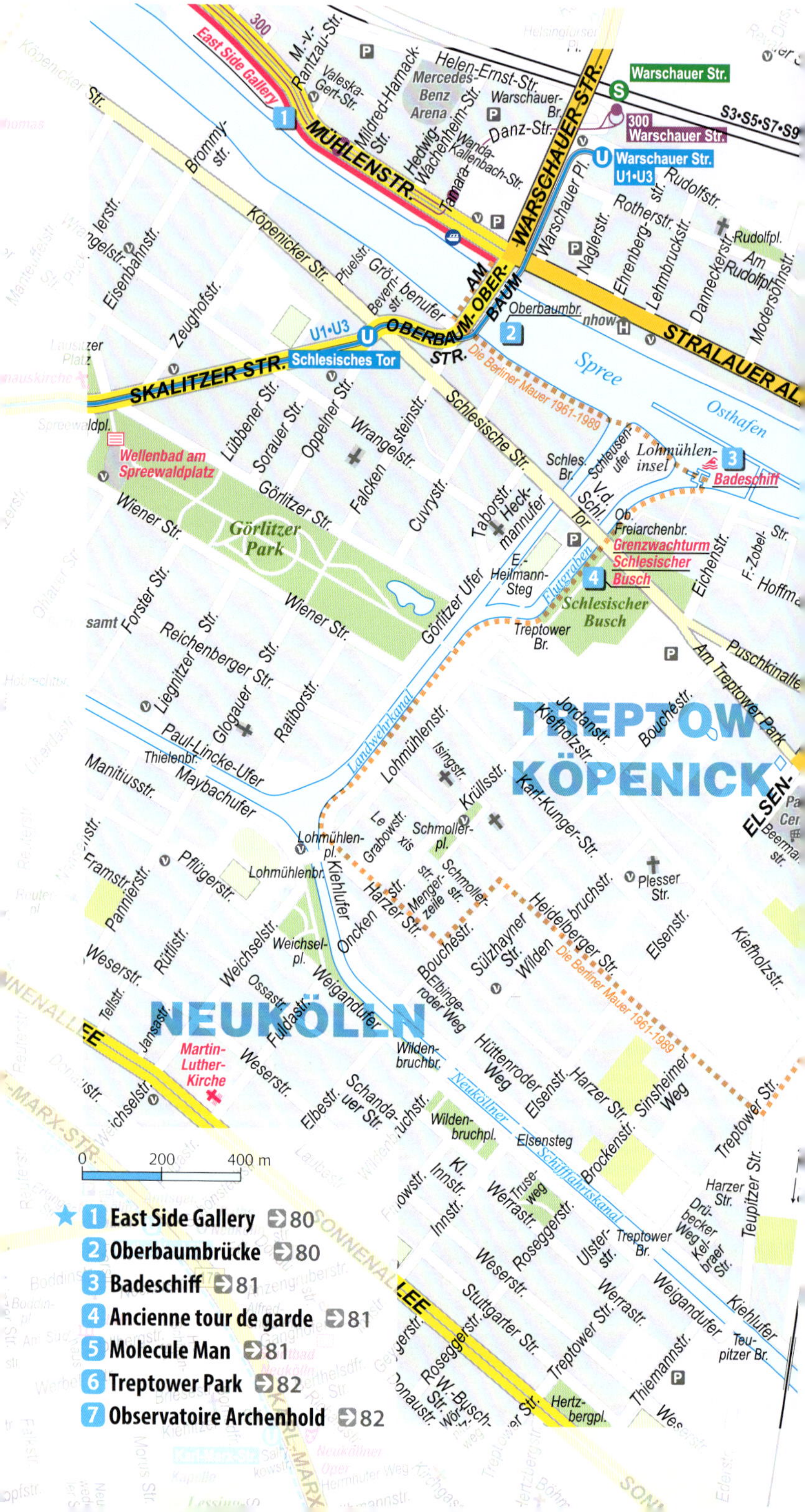

★ 1 East Side Gallery ➔ 80
2 Oberbaumbrücke ➔ 80
3 Badeschiff ➔ 81
4 Ancienne tour de garde ➔ 81
5 Molecule Man ➔ 81
6 Treptower Park ➔ 82
7 Observatoire Archenhold ➔ 82

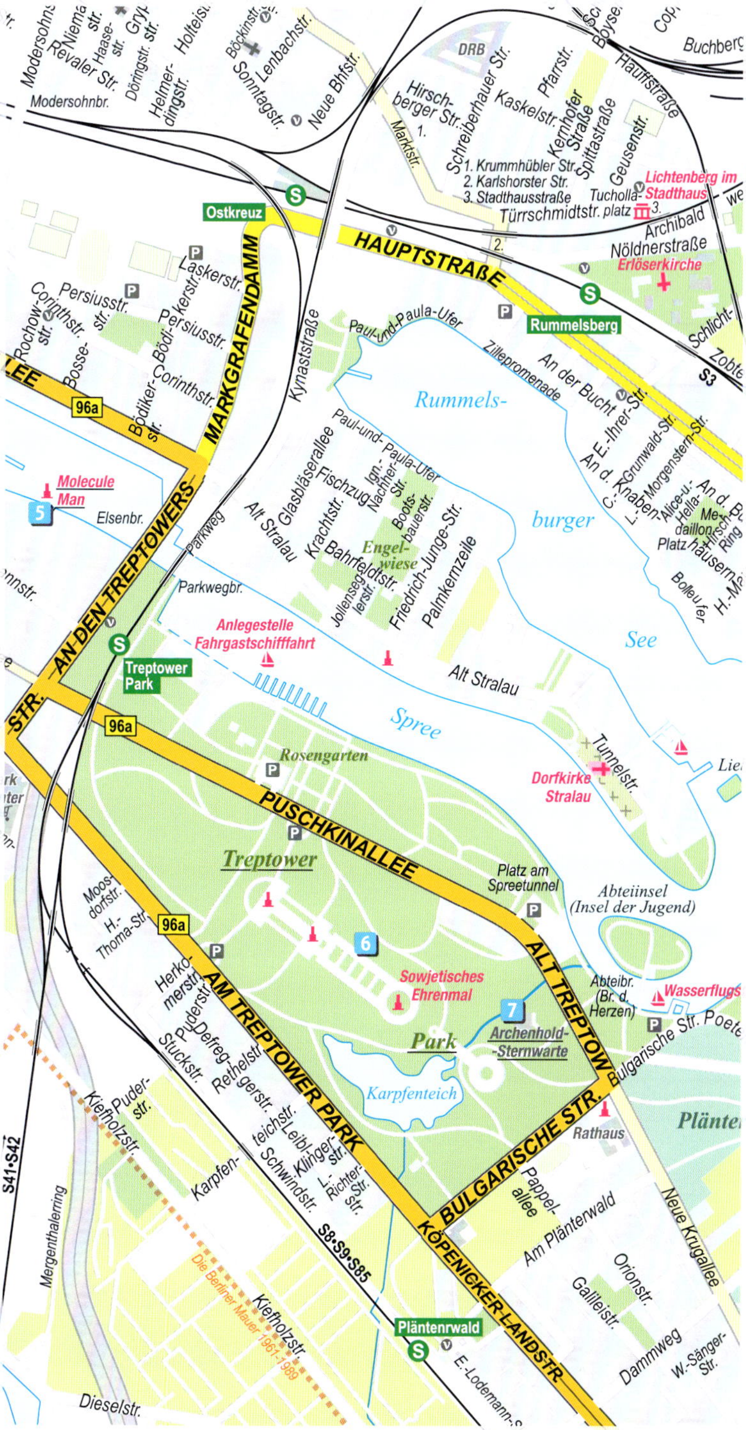
Modersohnbr.
Revaler Str.
Döringstr.
Helmerdingstr.
Holteistr.
Sonntagstr.
Lenbachstr.
Neue Bhfstr.
DRB
Hirschberger Str.
Marktstr.
Schreiberhauer Str.
Kaskelstr.
Pfarrstr.
Kernhofer Straße
Spittastraße
Geusenstr.
Hauffstraße
Buchberg
Boyse.
1. Krummhübler Str.
2. Karlshorster Str.
3. Stadthausstraße
Tucholla-platz
Türrschmidtstr.
Lichtenberg im Stadthaus
Archibald
Nöldnerstraße
Erlöserkirche
Ostkreuz
HAUPTSTRASSE
Rummelsberg
Schlicht-
Zobte
S3
Laskerstr.
Persiusstr.
Corinthstr.
Rochow-str.
Bosse-str.
Bödikerstr.
MARKGRAFENDAMM
Kynaststraße
Paul-und-Paula-Ufer
Zillepromenade
An der Bucht
E.-Ihrer-Str.
Rummels-
burger
See
96a
Molecule Man
5
Elsenbr.
Parkweg
AN DEN TREPTOWERS
Alt Stralau
Glasbläserallee
Fischzug
Krachtstr.
Bahrfeldtstr.
Friedrich-Junge-Str.
Palmkernzeile
Engelwiese
Bootsbauerstr.
Jollenseglerstr.
Grunwald-Str.
Morgenstern-Str.
An d. Knaben-
Alice-u.-Hella-Hirsch-Ring
Medaillon-Platz
Bolleufer
Parkwegbr.
Anlegestelle Fahrgastschifffahrt
Treptower Park
Spree
Rosengarten
Tunnelstr.
Dorfkirke Stralau
PUSCHKINALLEE
Treptower
Park
Platz am Spreetunnel
Abteiinsel (Insel der Jugend)
Moosdorfstr.
H.-Thoma-Str.
6
Sowjetisches Ehrenmal
ALT TREPTOW
Abteibr. (Br. d. Herzen)
Wasserflugs
7
Archenhold-Sternwarte
Bulgarische Str.
Poete
Karpfenteich
Herkomerstr.
Puderstr.
Defreggerstr.
Rethelstr.
Stuckstr.
AM TREPTOWER PARK
BULGARISCHE STR.
Rathaus
Plänter
Kiefholzstr.
Karpfenteichstr.
Leiblstr.
Klingerstr.
L.-Richter-Str.
Schwindstr.
S41•S42
Mergenthalerring
Die Berliner Mauer 1961-1989
S8•S9•S85
KÖPENICKER LANDSTR.
Pappelallee
Am Plänterwald
Neue Krugallee
Orionstr.
Galileistr.
Dammweg
W.-Sänger-Str.
Plänterwald
E.-Lodemann-
Dieselstr.

Les peintures sur le fragment subsistant du mur de Berlin qui compose East Side Gallery sont une évocation artistique des événements de la réunification de l'Allemagne.

1 East Side Gallery

La quasi-totalité du mur de Berlin fut démantelée. Le plus long morceau conservé (1 316 m) fut couvert de graffitis – c'est ainsi que fut créée East Side Gallery.

Après la réunification de l'Allemagne en 1990, plus de cent artistes décorèrent le pan conservé du Mur, créant ainsi la plus longue galerie du monde. Il y a 106 peintures murales au total, dont certaines commentent les événements survenus en Allemagne au tournant des années 1989-1990. Détruites par les conditions météorologiques, les gaz d'échappement et les touristes, ces œuvres furent restaurées en 2009.

Certaines sont devenues des icônes de la RDA comme *Bruderkuss*, ou «baiser fraternel» entre Léonid Brejnev et Erich Honecker, réalisé par Dmitri Vrubel, ou encore la représentation symbolique d'une Trabant traversant le Mur par Birgit Kinder. L'exposition en plein air sur l'histoire de la galerie a été créée en novembre 2022.

Mühlenstraße www.stiftung-berliner-mauer.de, www.eastsidegallery-berlin.de borne informative multimédia

Le long du grand morceau du Mur, sur 10000 m² près d'East Side Gallery, s'étend la plus grande plage de Berlin – Ostrand. De nombreux bars servent des cocktails exotiques. Les transats, le sable, le soleil font oublier qu'on se trouve au centre d'une métropole européenne.

2 Oberbaumbrücke

Oberbaum, pont pittoresque, relie les rives des quartiers Friedrichshain et Kreuzberg, séparés jusqu'en 1989 par le mur de Berlin.

Ce passage du XIXe s., ressemble à la porte d'une ville médiévale. Cette référence n'est pas un hasard – c'est ici que se situait la douane pour les marchandises transportées sur des embarcations qui entraient à Berlin. Détruite pendant la Seconde Guerre mondiale, la partie centrale du pont fut réparée, mais à titre provisoire. Après la réunification allemande, on reconstruisit les deux tours, en remplaçant la partie centrale du pont par une structure métallique. En 1994, la circulation des piétons et des voitures a été rétablie, puis celle du métro.

En 1997, sur le pont d'Oberbaum, Thorsten Goldberg a réalisé l'un des projets artistiques de balisage des anciens passages frontaliers. Il y a repris le principe du jeu populaire « pierre-papier-ciseaux » : dans deux néons ronds placés au milieu du pont, le symbole d'une main effectuant l'un des trois signes change toutes les six secondes. La victoire apparaît au hasard une fois du côté est, une fois du côté ouest.

L'installation Molecule Man symbolise l'unification des quartiers de Berlin après 1989.

3 Badeschiff

Le plan d'eau sur la Spree rapprocha les habitants de la rivière, dont la rive couverte de bâtiments serait autrement inaccessible.

L'embarcation, transformée en piscine flottante longue de 32,5 m, fut fixée au fond de la rivière et dotée d'équipements modernes pour le chauffage et la purification de l'eau. Une vaste plate-forme, très fréquentée, surtout par beau temps, relie la piscine à la rive. En hiver, l'embarcation est couverte et l'eau est chauffée à 24° C. Sur la plate-forme, on met à disposition des clients un sauna et un bar. Badeschiff fait partie du grand centre culturel Arena.

Eichenstraße 4
www.arena-berlin.de
mai-sept. de 8h jusqu'à minuit

4 Ancienne tour de garde

Le réflecteur sur le toit et les meurtrières ne laissent aucun doute quant à la fonction de ce bâtiment, qui, jusqu'en 1989, se trouvait dans la « bande de la mort ».

La tour de garde (Grenzwachturm Schlesischer Busch) fut l'un des dispositifs de protection de la frontière entre la RDA et Berlin-Ouest. Elle servit de centre de commandement pour les autres tours et supervisait les dispositifs électriques installés dans la zone frontalière. La construction est gérée par l'association Flutgraben, qui réalise de nombreux projets liés à la thématique de l'ancienne frontière.

Puschkinallee 1
www.thewatchberlin.org

5 Molecule Man

L'installation fixée sur la surface de la Spree s'inspire d'une photo d'athlètes célébrant une victoire.

Les trois personnages reliés entre eux symbolisent une rencontre sans frontière artificielle. La sculpture est placée dans le courant de la Spree, à l'emplacement de l'ancienne limite qui, jusqu'en 1989, séparait les quar-

Un mémorial aux soldats soviétiques se trouve au centre du parc Treptow.

tiers de Friedrichshain et Treptow de Kreuzberg. L'installation se compose de 18 plaques d'aluminium, et les nombreux trous qui la transpercent reflètent la fascination de l'auteur, Jonathan Borofsky, pour la structure moléculaire de la réalité qui nous entoure.

dans les eaux de la Spree à la hauteur de Hoffmannstraße

www.borofsky.com

6 Treptower Park

Le Treptower Park est un excellent endroit pour se détendre au bord de la rivière.

L'histoire du parc remonte au XVIIIe s., lorsque s'étendait sur ces terres la forêt Cöllnische Heide. Le Treptower Park public fut inauguré en 1882. Après la bataille de Berlin en 1945, il fut choisi comme lieu de mémoire et de sépulture pour 5 000 soldats soviétiques (le monument occupe la partie centrale du parc). Au bord de la rivière, près de l'observatoire Archenhold, se trouve le restaurant Zenner, qui dispose du plus grand jardin à bière sur la Spree (env. 1 500 places).

7 Observatoire Archenhold

Dans cet observatoire public, le plus ancien d'Allemagne, on peut admirer un télescope dioptrique de 21 m de long.

À l'occasion de l'Exposition industrielle de Berlin en 1896, Friedrich Simon Archenhold construisit le plus long télescope du monde pour l'époque. Treize ans plus tard, à l'emplacement du pavillon d'exposition, on érigea le bâtiment de l'observatoire en briques, qui accueillit la première conférence publique sur la théorie de la relativité, animée par Albert Einstein. En 1979 la salle dans laquelle enseigna le célèbre physicien fut baptisée de son nom.

Aujourd'hui, dans l'observatoire (Archenhold-Sternwarte), outre les instruments d'astronomie, on peut voir une météorite en provenance de l'Arizona de 285 kg ou la reconstitution de la salle d'observation utilisée par Archenhold.

Alt-Treptow 1

www.planetarium.berlin

ven. 17h-22h, sam. 14h30-22h, dim. 12h30-17h entrée gratuite

Kreuzberg

Kreuzberg est un quartier cosmopolite avec ses bazars turcs et sa jeunesse alternative. C'est aussi un endroit idéal pour une tournée des clubs et des bars, quel que soit le moment de la journée.

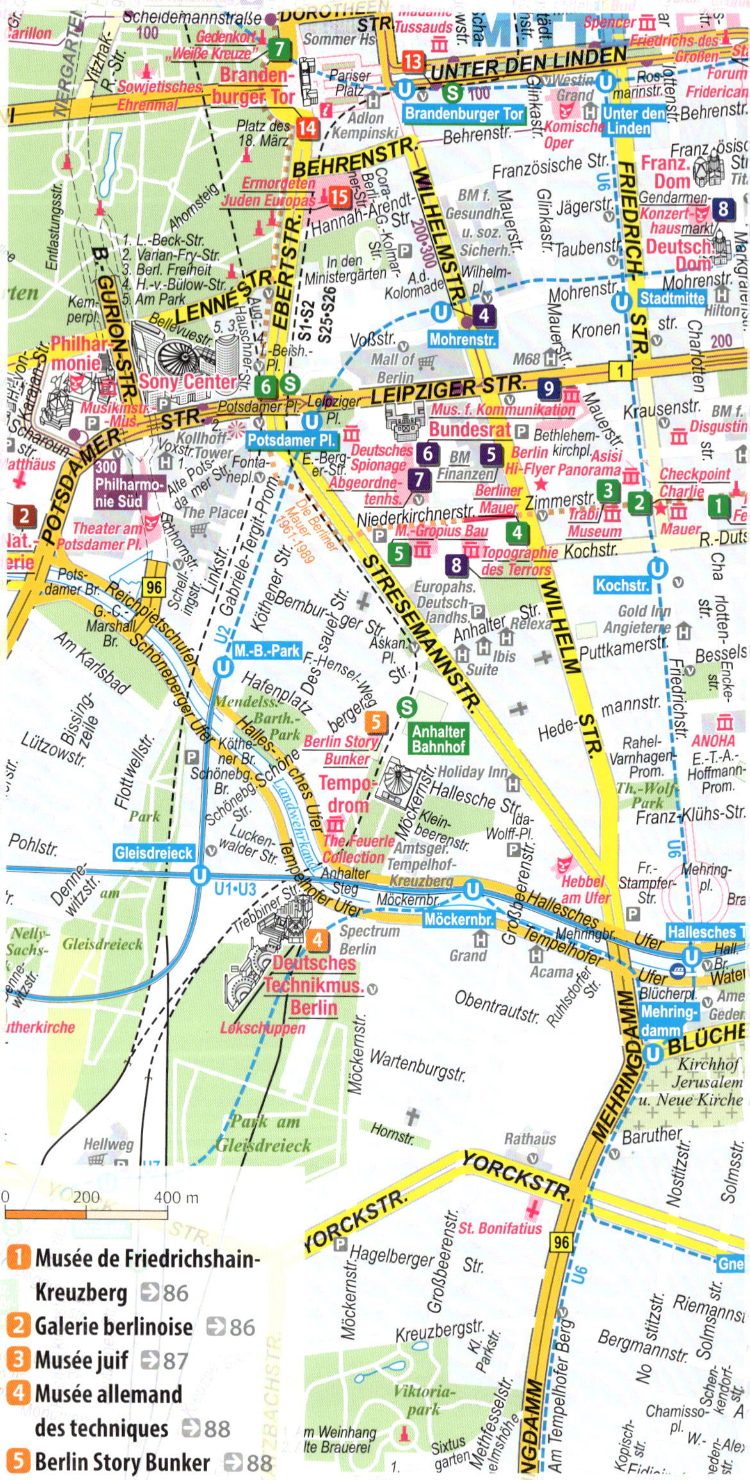

1 Musée de Friedrichshain-Kreuzberg → 86
2 Galerie berlinoise → 86
3 Musée juif → 87
★ 4 Musée allemand des techniques → 88
5 Berlin Story Bunker → 88

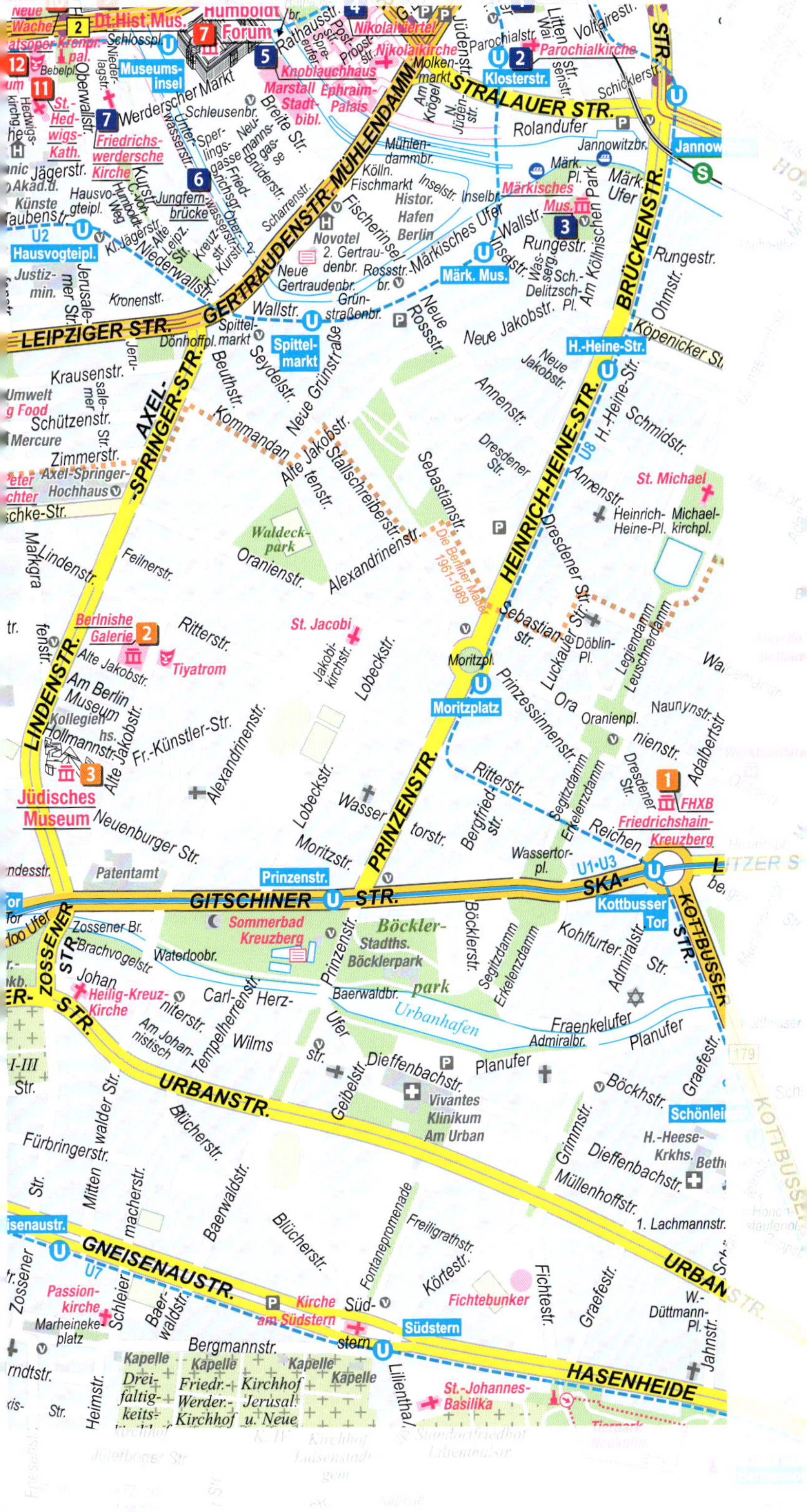
Dt.Hist.Mus.
Humboldt
Forum
Neue Wache
Schlosspl.
Museumsinsel
Bebelpl.
St.-Hedwigs-Kath.
Friedrichswerdersche Kirche
Werderscher Markt
Schleusenbr.
Rathausstr.
Nikolaiviertel
Nikolaikirche
Knoblauchhaus
Marstall Stadtbibl.
Ephraim-Palais
Molkenmarkt
Jüdenstr.
Parochialstr.
Parochialkirche
Klosterstr.
Littenstr.
Voltairestr.
Schicklerstr.
STRALAUER STR.
Rolandufer
Jannowitzbr.
Jannowitzbr.
MÜHLENDAMM
Mühlendammbr.
Fischerinsel
Inselstr.
Inselbr.
Märk. Pl.
Märkisches Mus.
Märk. Ufer
Märkisches Ufer
Märk. Mus.
Wallstr.
Rungestr.
Am Köllnischen Park
BRÜCKENSTR.
Hausvogteipl.
Jägerstr.
Taubenstr.
Kurstr.
Jungfernbrücke
Friedrichsgracht
Novotel
2. Gertraudenbr.
Neue Gertraudenbr.
Rosssstr.-br.
Grünstraßenbr.
Niederwallstr.
Kronenstr.
GERTRAUDENSTR.
LEIPZIGER STR.
Spittelmarkt
Dönhoffpl.
Neue Rossstr.
Neue Jakobstr.
Ohmstr.
Köpenicker Str.
H.-Heine-Str.
Krausenstr.
Schützenstr.
Zimmerstr.
Mercure
Axel-Springer-Hochhaus
AXEL-SPRINGER-STR.
Seydelstr.
Beuthstr.
Kommandantenstr.
Neue Grünstraße
Alte Jakobstr.
Stallschreiberstr.
Annenstr.
Dresdener Str.
Sebastianstr.
Schmidstr.
St. Michael
Heinrich-Heine-Pl.
Michaelkirchpl.
HEINRICH-HEINE-STR.
U8
Waldeckpark
Oranienstr.
Alexandrinenstr.
Die Berliner Mauer 1961-1989
Lindenstr.
Feilnerstr.
Markgrafenstr.
Berlinische Galerie
Ritterstr.
Tiyatrom
St. Jacobi
Jakobikirchstr.
Lobeckstr.
Moritzpl.
Moritzplatz
Prinzessinnenstr.
Luckauer Str.
Legiendamm
Leuschnerdamm
Döblin-Pl.
Oranienpl.
Naunynstr.
Adalbertstr.
Waldemarstr.
Am Berlin Museum
Kollegienhs.
Hollmannstr.
Fr.-Künstler-Str.
Jüdisches Museum
Neuenburger Str.
Wasserorstr.
Moritzstr.
PRINZENSTR.
Bergfriedstr.
Segitzdamm
Erkelenzdamm
Wassertorpl.
Reichenberger Str.
FHXB Friedrichshain-Kreuzberg
LINDENSTR.
Patentamt
Prinzenstr.
GITSCHINER STR.
U1·U3
SKALITZER STR.
Kottbusser Tor
KOTTBUSSER STR.
Zossener Br.
Sommerbad Kreuzberg
Böckler-park
Stadths. Böcklerpark
Böcklerstr.
Kohlfurter Str.
Admiralstr.
Waterloobr.
Brachvogelstr.
Waterloo Ufer
ZOSSENER STR.
Johanniterstr.
Heilig-Kreuz-Kirche
Carl-Herz-Ufer
Tempelherrenstr.
Wilmsstr.
Am Johannistisch
Baerwaldbr.
Urbanhafen
Fraenkelufer
Admiralbr.
Planufer
Dieffenbachstr.
Geibelstr.
Vivantes Klinikum Am Urban
Böckhstr.
Graefestr.
Schönleinstr.
URBANSTR.
Blücherstr.
Grimmstr.
H.-Heese-Krkhs.
Bethanien
Müllenhoffstr.
1. Lachmannstr.
Fürbringerstr.
Mittenwalder Str.
Solmsstr.
Zeughofstr.
Baerwaldstr.
Fontanepromenade
Freiligrathstr.
Körtestr.
Fichtestr.
Fichtebunker
W.-Düttmann-Pl.
Jahnstr.
Gneisenaustr.
GNEISENAUSTR.
U7
Passionskirche
Marheinekeplatz
Schleiermacherstr.
Baerwaldstr.
Kirche am Südstern
Südstern
Bergmannstr.
Lilienthalstr.
HASENHEIDE
St.-Johannes-Basilika
Dreifaltigkeits-Kirchhof
Friedr.-Werder.-Kirchhof
Kirchhof Jerusal. u. Neue
Kapelle
Heimstr.
Zossener Str.
Arndtstr.
Tierpark Neukölln

Noms d'artistes sur le trottoir devant la Galerie berlinoise.

1 Musée de Friedrichshain-Kreuzberg

Le thème de l'exposition se concentre sur les sujets de l'immigration et des protestations contre la démolition des bâtiments historiques.

Les expositions de FHXB Friedrichshain-Kreuzberg Museum sont situées sur deux étages d'une ancienne installation industrielle. Celle à l'étage inférieur porte sur l'époque de la fondation du quartier, mais elle attache une plus grande attention aux problèmes de l'après-guerre, notamment ceux liés aux habitations. En raison de la pénurie de logements, beaucoup de locaux dans des immeubles destinés à la démolition sont occupés illégalement depuis de nombreuses années. L'exposition au 2e étage raconte l'histoire de trois siècles d'immigration et le sort de la population immigrée résidant dans le Kreuzberg.

✉ Adalbertstraße 95a @ www.fhxb-museum.de ⌚ mar.-jeu. 12h-18h, ven.-dim. 10h-20h € entrée gratuite

Pendant le week-end prolongé de la Pentecôte, le Kreuzberg devient un village multiculturel. Le Carnaval des cultures (Karneval der Kulturen) est une occasion de mettre en valeur les cultures particulières qui ne sont pas toujours visibles dans cette métropole de plusieurs millions d'habitants. Il s'agit d'une fête de l'intégration, de l'ouverture et de la tolérance, et d'une occasion de montrer que Berlin voit le multiculturalisme comme une opportunité et comme une richesse. L'attraction principale de la fête est le cortège, qui passe dans les rues de Kreuzberg le dimanche matin. Il est composé de personnes représentant plus de 70 nationalités vêtues de costumes traditionnels, d'écoles de danse ainsi que de groupes musicaux qui invitent le public à s'amuser. La fête dure trois jours, avec des concerts, des spectacles et des cabarets. Sur les nombreuses scènes, on entend des musiques du monde, du rock aux rythmes orientaux ou latins. Les fêtards se régalent des plats les plus variés en provenance de tous les coins du globe ou de cuisine régionale allemande (Blücherplatz ; www.karneval-berlin.de).

2 Galerie berlinoise

La galerie est consacrée à l'art du XXe s. créé à Berlin et mettant la ville à l'honneur.

Avant même de pousser la porte d'entrée de Berlinische Galerie, notre atten-

Le musée juif impressionne par son volume inhabituel et son intérieur moderne, imaginés par l'auteur du projet, Daniel Libeskind.

tion est attirée par la chaussée jaune et noire, où ont été inscrits les noms des 162 auteurs d'œuvres présentées par la galerie. Celle-ci expose les travaux des représentants de la Neue Sachlichkeit (Nouvelle réalité, années 1920 et 1930) – George Grosz et Hannah Höch – et des peintres réalistes allemands Otto Dix et Karl Hofer. On peut aussi voir des photographies réalisées au tournant des XIXe et XXe s. par Heinrich Zille (1858-1929).

Alte Jakobstraße 124-128
www.berlinischegalerie.de
mer.-lun. 10h-18h
10€ (6€)

3 Musée juif

Avec une référence à une étoile de David brisée, la forme du bâtiment du musée juif fut strictement subordonnée aux objectifs de l'exposition.

Les couloirs sombres imaginés par l'auteur du projet, Daniel Libeskind, symbolisent les trois chemins du peuple juif (les « axes » de l'Exil, de l'Holocauste et de la Continuité). L'exposition de Jüdisches Museum présente deux millénaires de l'histoire commune des Allemands et des juifs. Les impasses et les installations originales sont là pour refléter les sentiments qui accompagnèrent les juifs à travers les âges : l'anxiété, l'insécurité, la peur. Les pièces présentées, y compris les objets usuels et ceux liés au culte, permettent d'en apprendre plus sur les rites et les coutumes juifs.

Depuis 2021, un bâtiment situé près du musée accueille un espace pour enfants - ANOHA. Le centre de l'exposition interactive unique est occupé par une réplique géante en bois de l'arche de Noé. À l'intérieur se trouvent plus de 150 figurines d'animaux, créées par des artistes locaux à partir de matériaux recyclés.

Musée juif
Lindenstraße 9-14
www.jmberlin.de
t.l.j. 10h-19h
entrée gratuite

ANOHA
W. M. Blumenthal Academy Fromet-und-Moses-Mendelssohn-Platz 1
anoha.de
mar.-ven. 9h-16h, sam.-dim. 10h-17h
entrée gratuite
il faut réserver les billets 6 semaines à l'avance sur le site web

Le musée allemand des techniques impressionne également par son intérieur inhabituel.

4 Musée allemand des techniques ★

Le premier ordinateur du monde, la machine à chiffrer « Enigma » ou l'avion de transport Douglas C-47, le musée ne laissera aucun exploration sur sa faim.

Les premières pièces – un moteur diesel (1921) et une machine, haute comme un étage d'immeuble, qui produit des rubans (1920) – se trouvent dans le hall d'entrée. L'objet majeur de l'exposition consacrée à l'histoire de la communication et de l'automatisation est le modèle du Z1, considéré comme le premier ordinateur du monde, datant de 1938 et conçu par Konrad Zuse. La « star » des sections des télécommunications et des médias est la machine de cryptage « Enigma », utilisée pendant la Seconde Guerre mondiale, et dont les cryptographes polonais sont parvenus à briser le code.

Les deux étages inférieurs du nouveau bâtiment de Deutsches Technikmuseum Berlin, semblable à une coque de navire, sont occupés par les pièces illustrant l'histoire des voies navigables intérieures et océaniques : on y trouve une ancienne embarcation berlinoise du XIXe s., sortie aux environs de Spandau. Sur les deux étages supérieurs se trouve l'exposition dédiée à l'aviation. Son objet phare est l'avion Douglas C-47 – « Skytrain » –, suspendu au-dessus du pont d'observation extérieur. On se servit de ce type d'engin pour ravitailler les quartiers occidentaux de Berlin pendant le blocus des années 1948 et 1949.

Les pièces favorites des enfants sont les locomotives et les wagons répartis dans deux dépôts du XIXe s., y compris un wagon-salon de luxe appartenant à l'empereur allemand Guillaume II.

Trebbiner Straße 9 www.technikmuseum.berlin mar.-ven. 9h-17h30, sam.-dim. 10h-18h 8 € (4 €)

5 Berlin Story Bunker

Qui fut le dernier à quitter le bunker d'Hitler ? Qu'emportait-on dans les bunkers ? On trouvera des informations sur la vie souterraine pendant la guerre.

Le bloc de béton, achevé en 1942, servait d'abri anti-aérien pour les passagers de la gare Anhalter Bahnhof. L'exposition « Hitler – comment cela a-t-il pu arriver ? » est une vaste documentation consacrée au processus de montée en puissance du nazisme et à ses conséquences immédiates sur la société allemande. La deuxième exposition retrace l'évolution du pays de la guerre à nos jours.

Schöneberger Straße 23a www.gruselkabinett-berlin.de t.l.j. 10h-19h 12 € (9 €)

Westend

Malgré leur emplacement à l'écart du centre, les terrains de foires et le Stade olympique occupent une place importante dans l'histoire de la ville du XXe s. Au fil du temps, ils sont devenus une destination prisée.

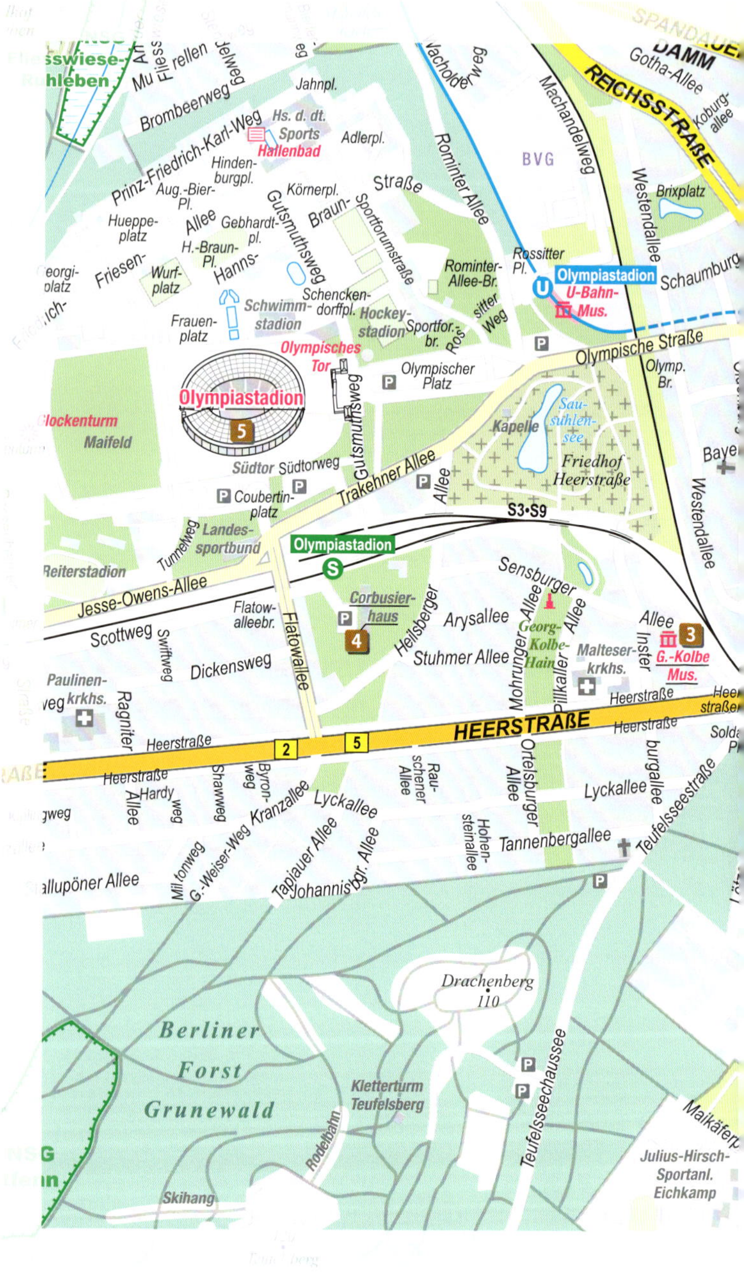

1 Tour de radio ➲92
2 Foires de Berlin ➲92
3 Musée Georg Kolbe ➲92
4 Corbusierhaus ➲93
5 Stade olympique ➲94

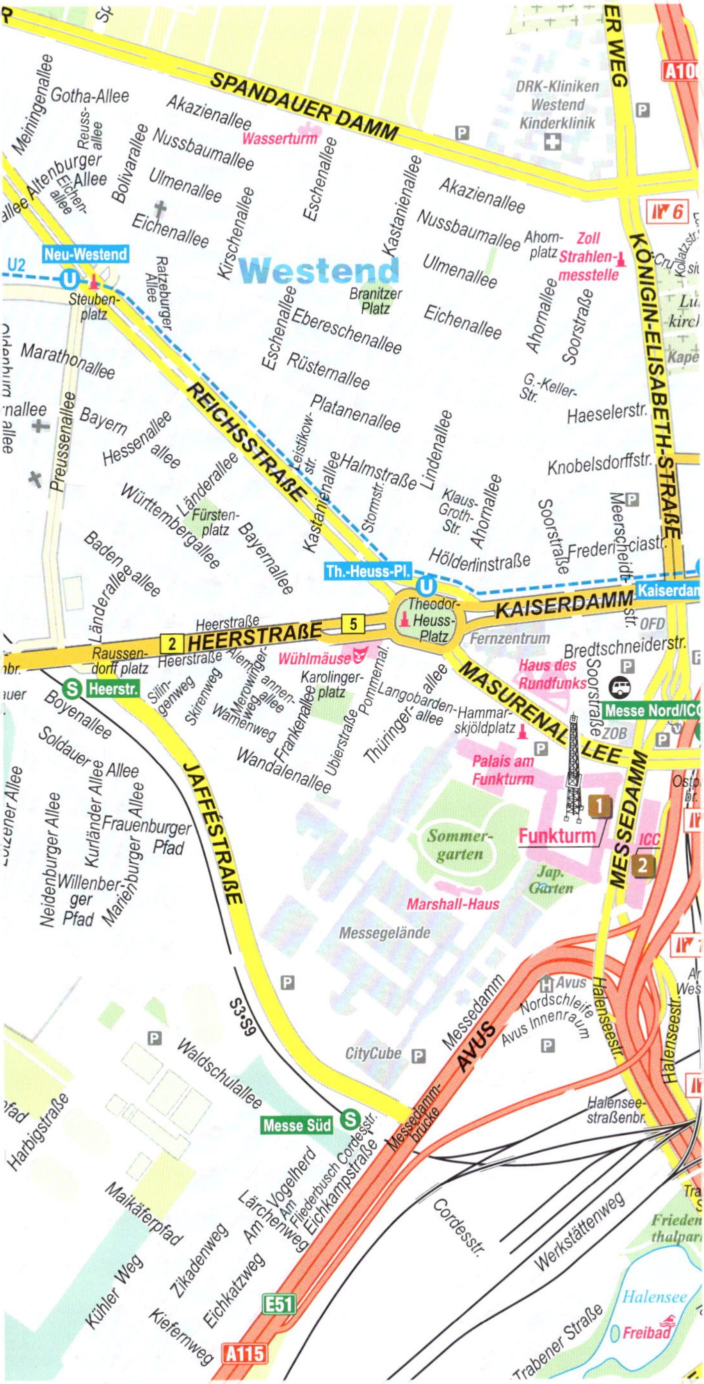

SPANDAUER DAMM
Westend
DRK-Kliniken Westend Kinderklinik
Wasserturm
Gotha-Allee
Meiningenallee
Reussallee
Altenburger Allee
Eichenallee
Bolivarallee
Akazienallee
Nussbaumallee
Ulmenallee
Eichenallee
Kirschenallee
Eschenallee
Kastanienallee
Ahornplatz
Zoll Strahlenmessstelle
KÖNIGIN-ELISABETH-STRASSE
Neu-Westend
U2
Steubenplatz
Ratzeburger Allee
Branitzer Platz
Ebereschenallee
Rüsternallee
Platanenallee
Ahornallee
Soorstraße
G.-Keller-Str.
Haeselerstr.
Marathonallee
Preussenallee
Bayernallee
Hessenallee
REICHSSTRASSE
Leistikowstr.
Halmstraße
Lindenallee
Knobelsdorffstr.
Länderallee
Fürstenplatz
Württembergallee
Bayernallee
Stormstr.
Klaus-Groth-Str.
Meerscheidtstr.
Friedericiastr.
Badenallee
Hölderlinstraße
Th.-Heuss-Pl.
Theodor-Heuss-Platz
KAISERDAMM
Kaiserdamm
Heerstraße
HEERSTRASSE
Fernzentrum
OFD
Bredtschneiderstr.
Raussendorffplatz
Wühlmäuse
Karolingerplatz
Pommernallee
Haus des Rundfunks
Heerstr.
Boyenallee
Silingenweg
Skirenweg
Alemannenallee
Merowingerweg
Wandalenallee
Frankenallee
Ubierstraße
Langobardenallee
Thüringerallee
Hammarskjöldplatz
MASURENALLEE
Messe Nord/ICC
ZOB
Palais am Funkturm
Soldauer Allee
Kurländer Allee
Frauenburger Pfad
Neidenburger Allee
Willenberger Pfad
Marienburger Allee
JAFFÉSTRASSE
Sommergarten
Funkturm
ICC
MESSEDAMM
Jap. Garten
Marshall-Haus
Messegelände
Avus Nordschleife
Avus Innenraum
Halenseestr.
Messedamm
AVUS
S3·S9
Waldschulallee
CityCube
Messe Süd
Messedammbrücke
Halenseestraßenbr.
Harbigstraße
Maikäferpfad
Kühler Weg
Zikadenweg
Eichkatzweg
Kiefernweg
Lärchenweg
Am Vogelherd
Am Fliederbusch
Cordesstr.
Eichkampstraße
Cordesstr.
Werkstättenweg
Trabener Straße
E51
A115
A100
Halensee
Freibad

1 Tour de radio

Cette construction métallique, vieille de presque 100 ans et haute de 150 m, est appelée la « tour Eiffel de Berlin ».

Funkturm se distingue par les isolateurs en porcelaine installés au pied de chaque support. Sur ceux-ci apparaissent les signatures de la manufacture royale de porcelaine (KPM) de Berlin, connue pour ses produits haut de gamme. En 30 secondes, l'ascenseur vitré monte jusqu'à la terrasse d'où s'étend le panorama magnifique de Berlin-Ouest. Sur la terrasse inférieure (50 m) se trouve un restaurant.

✉ Messedamm 22 (accès : Masurenallee)
@ www.funkturm-messeberlin.de
🕘 horaires variables € 8 € (4 €)

2 Foires de Berlin

La tradition des foires à Berlin remonte à 1822, l'année de l'organisation du 1er grand marché régional à la Maison de l'artisanat.

Le parc des expositions (Messegelände) compte 26 halles qui remontent aux années 1930 et totalisent 160 000 m² d'espace couvert et 100 000 m² d'espace à l'air libre. Depuis les halles, on peut accéder au bâtiment des congrès qui est le plus grand centre des congrès en Europe (Internationales Congress Centrum). En raison de l'aspect futuriste de l'édifice, les Berlinois l'appellent « le vaisseau spatial ». Parmi les événements les plus importants, on peut mentionner les foires internationales Grüne Woche (IGW, janvier : agroalimentaire), Internationale Tourismus-Börse (ITB, mars : tourisme) et Internationale Funkausstellung (IFA, septembre : électronique).

✉ Messedamm 22
@ www.messe-berlin.de

On peut accéder au sommet de la Tour de radio par un ascenseur vitré.

3 Musée Georg Kolbe

L'artiste allemand Georg Kolbe est connu pour sa sculpture des *Danseuses*, acquise en 1912 par la Galerie nationale de Berlin.

Plus de 200 sculptures réalisées principalement en bronze, env. 1 500 dessins, objets et mobiliers appartenant au sculpteur, sont réunis dans un modeste bâtiment de 1928, où l'artiste vécut jusqu'à sa mort. La maison d'à côté abrite aujourd'hui le café. Les deux bâtiments sont reliés par un petit jardin comptant de

Le terrain des foires de Berlin accueille les bâtiments de différentes époques, depuis les années 1930 jusqu'à nos jours.

nombreuses statues et une fontaine avec la sculpture d'une danseuse. La « cour des sculptures » présente les œuvres que l'artiste créa après 1933. Georg Kolbe Museum accueille également les travaux d'autres sculpteurs de la 1re moitié du xxe s., comme Marg Moll, Rudolf Belling, Gerhard Marcks et Renée Sintenis.

Sensburger Allee 25 @ www.georg-kolbe-museum.de mer.-lun. 11h-18h € 8 € (5 €)

Georg Kolbe est considéré comme l'un des sculpteurs allemands les plus remarquables du début du xxe s. Le meilleur de sa production artistique consiste en une série de sculptures féminines, essentiellement des nus, où l'expression calme du visage contraste fortement avec le corps en mouvement (Naïade, Amazone, Petite Sirène, Japonaise). Après la mort de sa femme en 1927, l'artiste réalisa des œuvres exprimant le chagrin et la tristesse (Requiem, Pietà, Seul). Ses sculptures ultérieures (à partir de 1930) représentent surtout des nus d'hommes et de femmes d'une très grande taille, en position debout, ce qui satisfaisait les critères de l'idéologie nazie quant au culte du corps et de la forme physique. Les travaux de Kolbe furent exposés dans des endroits prestigieux sous la surveillance attentive du parti nazi. Mais l'artiste refusa de réaliser un portrait d'Hitler.

4 Corbusierhaus

En raison de la taille de l'immeuble, le seul endroit pouvant l'accueillir fut la colline près du Stade olympique.

Le bâtiment de 143 m de long et de 23 m de large fut construit en 1958 dans le cadre du projet « Unité d'habitation » conçu pour l'Exposition internationale d'architecture Interbau '57. La réglementation de la construction et les problèmes financiers ne permirent pas d'introduire la plupart des commodités prévues par l'architecte Le Corbusier (de son vrai nom Charles-Édouard Jeanneret-Gris). Fait intéressant, la maison du Corbusier dispose d'appartements sur deux niveaux (sauf les studios), qui s'étirent sur toute la largeur du bâtiment, avec deux balcons sur les côtés opposés de la façade.

✉ Flatowallee 16
@ www.corbusierhaus-berlin.de

5 Stade olympique

Après la rénovation des années 2000, le stade devint un bon exemple de combinaison d'architecture ancienne et de dtechnologies de pointe.

Fondé en 1936, Olympiastadion pouvait accueillir jusqu'à 100 000 personnes. Le terrain de jeu fut placé par l'architecte Werner March à 12 m en dessous du niveau du sol (15 m après la rénovation), ce qui n'a pas privé l'installation de son caractère monumental. Sur ordre d'Hitler, qui visita le chantier, on abandonna l'idée d'utiliser du béton et du verre, matériaux à la mode à l'époque, pour leur préférer des plaques solides de pierre calcaire et de marbre. Cette enveloppe de pierre et un anneau de deux niveaux, composé de 136 piliers formant la façade du stade, ne sont pas sans rappeler des bâtiments antiques. Le complexe a été le digne cadre de la cérémonie d'ouverture des XIe Jeux olympiques. Ces derniers, préparés avec entrain, devaient apaiser les craintes de la communauté internationale concernant les mouvements nazis et anti-juifs en Allemagne.

Le stade berlinois est représenté par la porte olympique composée des deux tours – prussienne et bavaroise (avec horloge) –, nommées d'après les deux provinces les plus importantes constituant le IIIe Reich. Entre elles se trouve le symbole olympique des cinq anneaux. Depuis le clocher (Glockenturm), haut de 77 m, situé à proximité, s'étend un magnifique panorama de la zone.

↑ La porte olympique menant au stade est composée des tours prussienne et bavaroise.

Stade olympique
✉ Olympischer Platz 3
@ www.olympiastadionberlin.de
🕘 nov.-mars 10h-16h, avr.-juil, sept.-oct. 9h-19h, août 9h-20h € 11 € (8 €)
Glockenturm
@ www.glockenturm.de 🕘 avr.-oct. 10h-18h € 5 € (3 €)

Spandau

Bien que Spandau soit un quartier de la capitale allemande depuis 1920, ses habitants aiment à souligner leur identité. Ils disent : « Spandau, près de Berlin ».

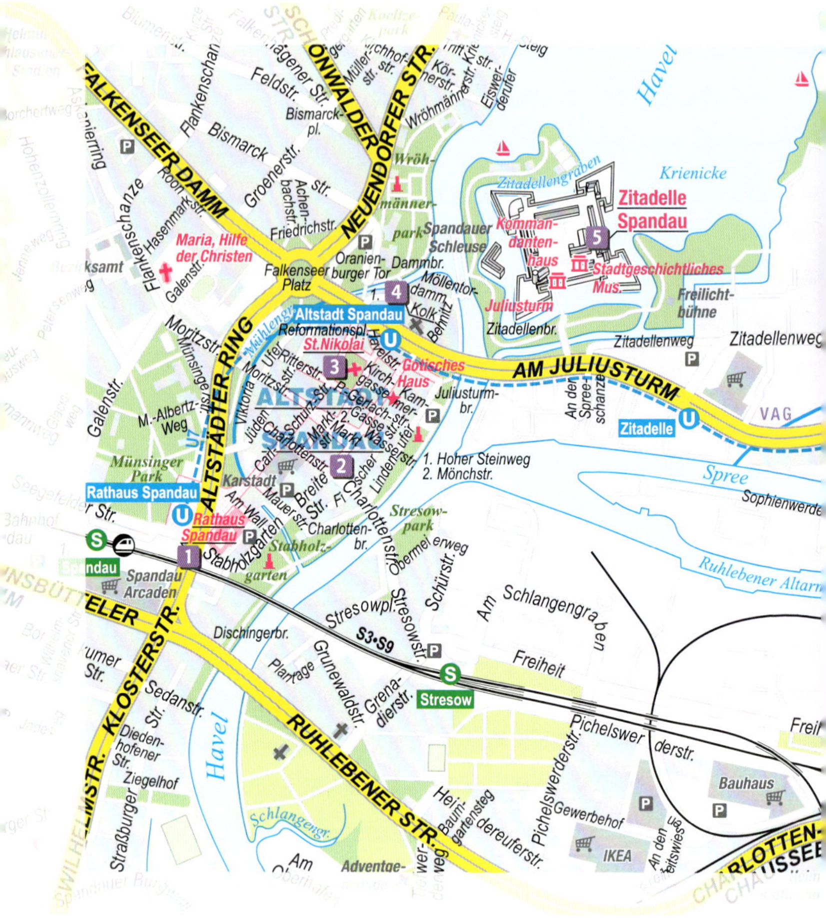

1 Rathaus Spandau ➡ 97

★ 2 Vieille ville de Spandau ➡ 97

3 St. Nikolaikirche ➡ 98

4 Pans des remparts ➡ 97

5 Citadelle de Spandau ➡ 99

0 200 400 m

En décembre, la rue piétonne de la vieille ville de Spandau se transforme en un grand marché de Noël. Les amateurs de pain d'épices ne seront pas déçus.

1 Rathaus Spandau

Depuis 1913, les autorités de la ville officient dans le bâtiment monumental avec sa tour de 80 m.

C'est en raison de la tour de l'hôtel de ville que l'empereur Guillaume II n'assista pas à la cérémonie d'ouverture : cette construction était un symbole trop révélateur de la proéminence de l'autorité locale.

Devant le bâtiment à l'impressionnante façade se trouvait à l'origine un joli petit square verdoyant. Le lieu ne fut pas épargné par les manifestations qui eurent lieu ici après 1918. La crise économique de la fin des années 1920 força de nombreux habitants endettés à quitter leur logement. Ils installèrent leur mobilier dans le parc devant l'hôtel de ville jusqu'à l'obtention d'habitations de remplacement.

Dans les années 1950, on reconstruisit l'hôtel de ville, sans cependant restaurer l'ensemble des éléments qui ornaient les façades. On ajouta également un clocheton sur la tour.

✉ Carl-Schurz-Straße 2-6
☎ +49-30-902790
ℹ possibilité de visiter la tour sur réservation

2 Vieille ville de Spandau ★

La vieille ville de Spandau a su garder le charme et le caractère d'une ville nord-allemande de taille moyenne.

La vieille ville de Spandau (Altstadt Spandau), avec sa conception architecturale médiévale relativement bien préservée, fut rénovée à la fin des années 1980. C'est à cette époque que l'on présenta au public les façades originales des maisons à colombages. La partie nord de la ville – Kolk, où les traces des colonisateurs remontent à l'Antiquité – est particulièrement intéressante. L'ambiance du quartier rappelle celle d'une petite ville, avec ses rues étroites et ses bâtiments peu élevés. Le centre de cette organisation architecturale médiévale se compose de deux places : la place du Marché (Marktplatz) qui accueillait autrefois l'hôtel de ville et la place de la Réforme (Reformationsplatz) avec l'église Saint-Nicolas (St. Nikolaikirche). Tout près de l'église se trouve un musée retraçant l'histoire sacrée de la ville et celle de la Réforme (Spandovia Sacra, Reformationsplatz 12). La maison la plus ancienne de Berlin – la Maison gothique (Gotisches Haus) datant de la fin du XVe s. est située Breite Straße 32. On y organise des expositions d'œuvres d'artistes locaux.

✉ Carl-Schurz-Straße
@ www.spandau.de

Il est conseillé de se rendre à Spandau en décembre, pendant le marché de Noël (Weihnachtsmarkt), qui occupe toute la promenade. C'est l'un des plus grands marchés de ce type en Allemagne (www.partner-fuer-spandau.de).

3 St. Nikolaikirche

Pendant longtemps, la silhouette de cette église massive avec sa tour haute de 77 m était le seul élément dominant le paysage de la ville.

C'est à l'église Saint-Nicolas à Spandau que commença l'histoire de la Réforme de Brandebourg. Le 1er novembre 1539 se tint ici la première messe luthérienne à laquelle assista Joachim II, électeur de Brandebourg (1505-1571). Selon les termes de la paix d'Augsbourg de 1555, « Cuius régio, eius religio » (« tel prince, telle religion »), tout le Brandebourg devint un pays protestant. En 1889, le monument de l'électeur, tenant un crucifix et une épée, fut dévoilé devant l'entrée principale de l'église.

↑ Devant le bâtiment le plus caractéristique de Spandau, l'église Saint-Nicolas, se dresse la statue de l'électeur Joachim II.

Les fondations en pierres des champs témoignent de l'existence d'une église en forme de basilique dès les environs de 1200. L'aspect actuel de l'édifice peut remonter à avant 1369. C'est de cette époque que date le bois utilisé dans la construction du toit. L'église-halle à trois nefs fut l'une des premières du Brandebourg à utiliser un déambulatoire derrière l'autel du presbytère. Ce type de construction aurait servi de modèle pour l'église Saint-Nicolas (Nikolaikirche) dans le Berlin médiéval. La tour massive du côté ouest fut érigée au milieu du XVe s. Sa forme actuelle date du milieu du XVIIIe s.

Les fragments des remparts médiévaux rappellent l'autonomie de Spandau.

Reformationsplatz 6 @ www.nikolai-spandau.de lun.-sam. 12h-14h, dim. après la messe jusqu'à 14h ; accès à la tour : sam. 12h30 € église – entrée gratuite, accès à la tour 2 € (1 €)

4 Pans des remparts

Autour de la ville médiévale de Spandau, on peut admirer trois morceaux conservés des remparts.

Au Moyen Âge, la fonction des remparts ne se limitait pas à la défense. C'était également un symbole de l'autonomie et de l'indépendance politique de la ville. Les premières fortifications à Spandau remontent à 1232, la date d'octroi des droits municipaux. Les fragments des remparts les plus remarquables sont situés dans la Hoher Steinweg (Kolk). Longs de 53 m et d'une impressionnante hauteur de 6 m dans la partie orientale, ils datent du XIVe s. L'autre morceau s'effondra en 1792 – à la reconstruction, on le compléta par des piliers baroques. Dans la Viktoria-Ufer, on peut voir les fragments des remparts de 1319, avec les tours en surplomb conservées. Dans les années 1920, la hauteur des remparts fut réduite de moitié. Les autres morceaux des fortifications sont à voir derrière l'hôtel de ville, rue Stabholzgarten.

5 Citadelle de Spandau

Cette forteresse Renaissance du XVIe s. est le bâtiment le plus reconnaissable de Spandau.

La citadelle (Zitadelle, ital. « petite cité ») de Spandau est l'une des plus belles fortifications Renaissance conservées en Europe. C'est Joachim II, l'électeur de Brandebourg, qui en commanda la construction. Conçue d'après un plan carré quasiment idéal, d'environ 200 m de côté, cette puissante forteresse fut entourée d'eau, et ses murs extérieurs atteignaient une dizaine de mètres de haut. La forme des quatre bastions en saillie (König, Königin, Kronprinz et Brandenburg) empêchait la création d'angles morts à la portée des tirs d'artillerie. La citadelle de Spandau fut considérée comme imprenable. La seule attaque de ses murs eut lieu en 1813 sous le comman-

Seule une digue permet d'accéder à la citadelle entourée d'eau.

dement du général prussien August von Thümen.

Dans la 2e moitié du XIXe s., on érigea de nouveaux bâtiments dans la cour : casernes, maisons des officiers, nouvel arsenal et salle d'exercices. Aujourd'hui, ces bâtiments sont gérés par la direction de la citadelle et une école d'art pour la jeunesse. Dans ces locaux sont organisés des concerts et des expositions, et l'ancien arsenal abrite le musée de l'Histoire de la ville de Spandau, avec une remarquable maquette de la vieille ville au premier étage.

Le seul chemin pour rejoindre la cour vient du sud par la porte de la maison du commandant (Kommandantenhaus). C'est ici que commencent les visites guidées. À l'étage, un petit musée retrace l'histoire de la citadelle. Celui-ci est complété par une exposition de canons d'artillerie dans la salle d'exercices (Exercierhalle), située dans la cour. Depuis le musée, le chemin conduit à la tour de Jules du XIIIe s., haute de 30 m, avec sa porte impressionnante de 3 t datant de 1910. Après la réunification de l'Allemagne en 1871, c'est ici que l'on déposa une partie du « trésor de guerre » du Reich, c'est-à-dire les réparations de guerre versées par la France, soit au total 1 200 coffres remplis de pièces d'or. Une partie de l'argent fut dépensée pour les réparations après la défaite de l'Allemagne lors de la Première Guerre mondiale.

À côté de la tour, s'élève le *palatium*, le bâtiment principal du château médiéval entièrement préservé. Il est conseillé d'y pénétrer pour ses intérieurs gothiques. Le chemin se poursuit en direction des bastions, dont le plus intéressant est Kronprinz, avec son petit bassin portuaire restauré en 1996. La visite se termine au milieu de la cour, où, à côté du monument du fondateur de la marche de Brandenburg, Albert l'Ours (env. 1100-1170), se trouve un tilleul à petites feuilles vieux de 500 ans (monument naturel).

Am Juliusturm 64, Spandau
www.zitadelle-berlin.de
ven.-mer. 10h-17h, jeu. 13h-20h
4,50 € (2,50 €)

Dahlem

À Dahlem, les bâtiments médiévaux ruraux côtoient l'architecture urbaine du XXe s. Mais c'est également le quartier des musées, des universités et du souvenir des soldats américains qui ont stationné à Berlin.

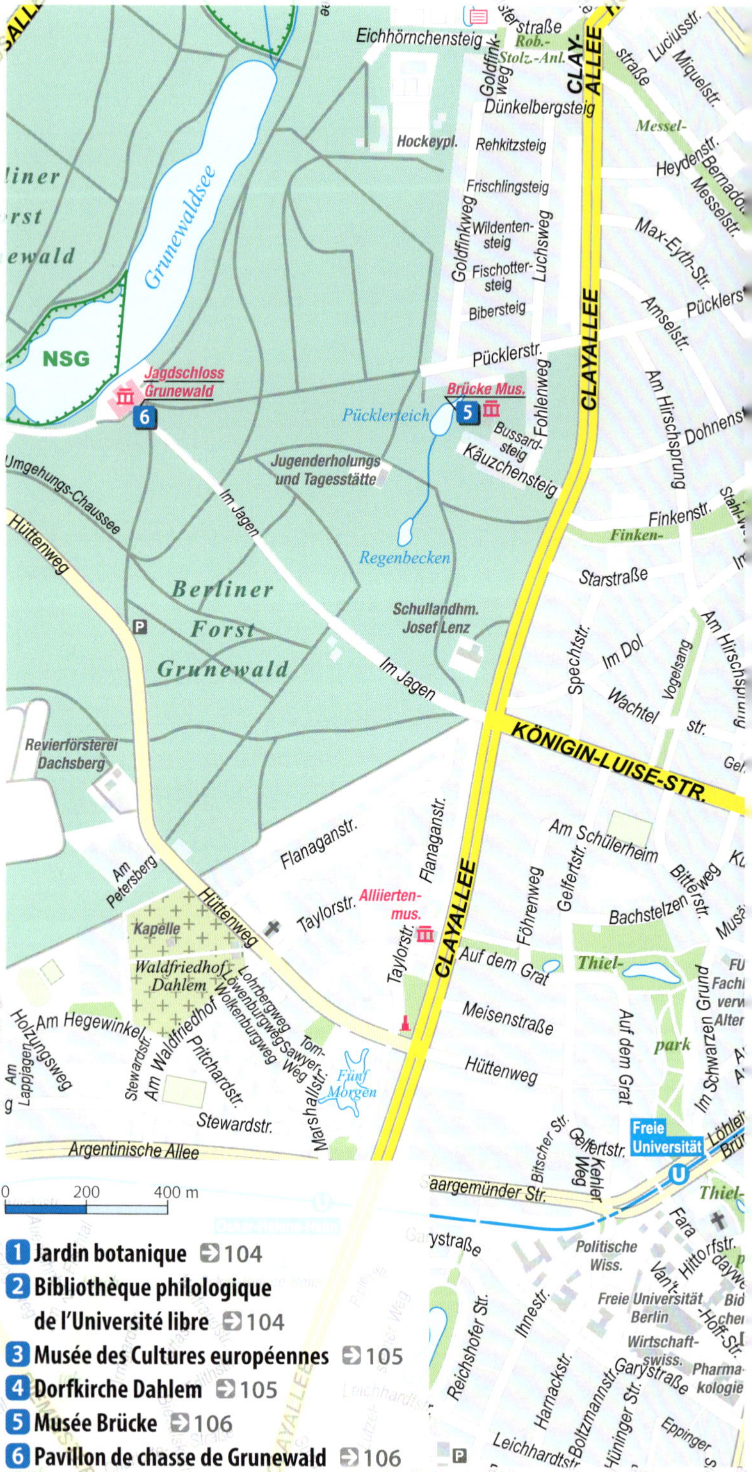

1 Jardin botanique ⮊ 104
2 Bibliothèque philologique de l'Université libre ⮊ 104
3 Musée des Cultures européennes ⮊ 105
4 Dorfkirche Dahlem ⮊ 105
5 Musée Brücke ⮊ 106
6 Pavillon de chasse de Grunewald ⮊ 106

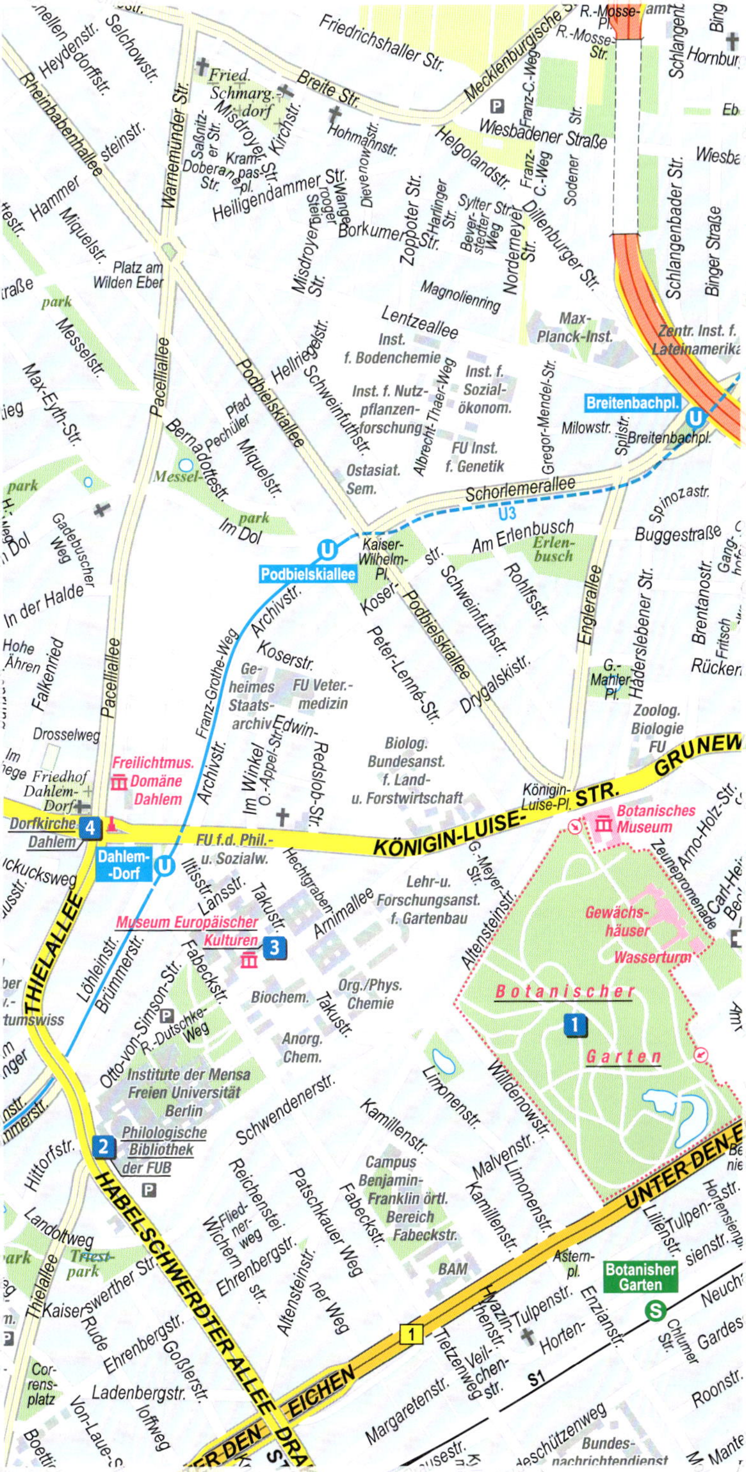
Friedrichshaller Str.
Breite Str.
Mecklenburgische Str.
R.-Mosse-Pl.
R.-Mosse-Str.
Schlangenbader Str.
Hornburger Str.
Selchowstr.
Heydenstr.
Rheinbabenallee
Warnemünder Str.
Fried. Schmarg.-dorf
Misdroyer Str.
Kirchstr.
Saßnitzer Str.
Doberaner Str.
KramPass
Heiligendammer Str.
Hohmannstr.
Dievenowstr.
Wangerooger Steig
Helgolandstr.
Wiesbadener Straße
Franz-C.-Weg
Sodener Str.
Sylter Str.
Borkumer Str.
Zoppoter Str.
Harlinger Str.
Beverstedter Weg
Norderneyer Str.
Dillenburger Str.
Schlangenbader Str.
Binger Straße
Hammer
Miquelstr.
Platz am Wilden Eber
Misdroyer Str.
Magnolienring
Lentzeallee
Max-Planck-Inst.
Zentr. Inst. f. Lateinamerika
park
Messelstr.
Max-Eyth-Str.
Pacelliallee
Podbielskiallee
Hellriegelstr.
Schweinfurthstr.
Inst. f. Bodenchemie
Inst. f. Nutzpflanzenforschung
Albrecht-Thaer-Weg
Inst. f. Sozialökonom.
Gregor-Mendel-Str.
Breitenbachpl.
Milowstr.
Spilstr.
Bernadottestr.
Pechüler Pfad
Miquelstr.
Messel-park
Ostasiat. Sem.
FU Inst. f. Genetik
Schorlemerallee
U3
Im Dol
Gadebuscher Weg
In der Halde
Hohe Ähren
Falkenried
Pacelliallee
Drosselweg
Friedhof Dahlem-Dorf
Podbielskiallee
Kaiser-Wilhelm-Pl.
Am Erlenbusch
Erlenbusch
Spinozastr.
Buggestraße
Archivstr.
Koserstr.
Franz-Grothe-Weg
Geheimes Staatsarchiv
FU Veter.-medizin
Edwin-Redslob-Str.
Peter-Lenné-Str.
Schweinfurthstr.
Rohlfsstr.
Drygalskistr.
Englerallee
Haderslebener Str.
Brentanostr.
G.-Mahler-Pl.
Zoolog. Biologie FU
Biolog. Bundesanst. f. Land- u. Forstwirtschaft
Im Winkel
O.-Appel-Str.
Archivstr.
Freilichtmus. Domäne Dahlem
Dorfkirche Dahlem
4
Königin-Luise-Pl.
KÖNIGIN-LUISE-STR.
GRUNEWALDSTR.
Botanisches Museum
Arno-Holz-Str.
Dahlem-Dorf
FU f.d. Phil.- u. Sozialw.
Iltisstr.
Lansstr.
Takustr.
Hechtgraben
Arnimallee
Lehr-u. Forschungsanst. f. Gartenbau
G.-Meyer-Str.
Altensteinstr.
Zeunepromenade
Gewächshäuser
Wasserturm
Kuckucksweg
THIELALLEE
Museum Europäischer Kulturen
3
Löhleinstr.
Brümmerstr.
Fabeckstr.
Otto-von-Simson-Str.
R.-Dutschke-Weg
Biochem.
Org./Phys. Chemie
Takustr.
Anorg. Chem.
Botanischer Garten
1
Institute der Mensa Freien Universität Berlin
Limonenstr.
Wildenowstr.
Philologische Bibliothek der FUB
2
Schwendenerstr.
Kamillenstr.
Hittorfstr.
Campus Benjamin-Franklin örtl. Bereich Fabeckstr.
Malvenstr.
Limonenstr.
Kamillenstr.
UNTER DEN EICHEN
Landoltweg
Thielallee
Triest-park
Kaiserswerther Str.
Reichensteiner Weg
Fliednerweg
Wichernstr.
Ehrenbergstr.
Patschkauer Weg
Fabeckstr.
Altensteinstr.
Lilienstr.
Tulpenstr.
Hortensienstr.
Asternpl.
Botanischer Garten
HABELSCHWERDTER ALLEE
Rudeloffweg
Ehrenbergstr.
Goßlerstr.
Ladenbergstr.
Corrensplatz
Von-Laue-Str.
BAM
Hyazinthenstr.
Tulpenstr.
Hortensienstr.
Enzianstr.
Chlumer Str.
Neuchateller Str.
Gardeschützenweg
S1
Tietzenweg
Veilchenstr.
Margaretenstr.
Roonstr.
Bundesnachrichtendienst
UNTER DEN EICHEN
DRAKESTR.

Le Jardin botanique de Dahlem présente des plantes de toutes les zones climatiques.

1 Jardin botanique

Ce jardin botanique, riche d'une histoire tricentenaire, compte parmi les plus importants du monde.

Le joyau architectural de Botanischer Garten est un complexe de 15 serres abritant des curiosités exotiques. Signalons la famille des bambous qui poussent jusqu'à 30 cm par jour ou le pin de Wollemi de 2 m de haut dénommé « fossile vivant ». Sa présence sur la terre date de plus de 90 millions d'années. Un autre végétal unique, la Welwitschia mirabilis, est une plante désertique qui, dans ses conditions naturelles, peut survivre au moins 2000 ans. Pour les aveugles, un jardin a été conçu pour qu'ils puissent à la fois sentir et toucher. Des expositions au musée botanique, une bibliothèque et un herbier sont également à disposition des visiteurs.

Königin-Luise-Straße 6-8
www.bgbm.org
jardin : t.l.j. 9h-20h
6€ (3€)
musée botanique fermé jusuq'en 2025

2 Bibliothèque philologique de l'Université libre

De loin, avec sa façade argentée et à sa forme fuselée, la bibliothèque ressemble à une grosse goutte d'eau.

Le bâtiment futuriste de la nouvelle bibliothèque de l'Université libre (Philologische Bibliothek der Freien Universität Berlin, FU) est situé au centre du plus grand campus de cet établissement. La façade est composée de panneaux d'aluminium et de vitres empilés en alternance, et la paroi intérieure est constituée d'une enveloppe de fibre de verre, assurant une quantité suffisante de lumière naturelle.

Pour pleinement utiliser l'espace, l'architecte Norman Foster a imaginé une galerie à trois niveaux aux formes courbes, où les étagères se trouvent au milieu, et les tables près des rambardes extérieures, pour s'adapter à leur ligne.

Habelschwerdter Allee 45
www.fu-berlin.de/philbib
lun.-ven. 9h-22h, sam.-dim. 10h-22h
entrée gratuite

Le musée des Cultures européennes abrite les trésors de la culture du continent.

3 Musée des Cultures européennes

L'exposition vise à aider à comprendre les différences culturelles et à montrer le processus de pénétration d'éléments d'une culture dans une autre.

L'exposition vise à faciliter la compréhension des différences culturelles et à montrer le processus de pénétration d'éléments d'une culture dans une autre. L'atypique collection d'objets d'usage quotidien et de culte religieux a de quoi surprendre. Ici, les visiteurs ne sont pas guidés par la chronologie mais par le thème. Le costume traditionnel de l'île grecque de Karpathos s'oppose à la vision de l'artiste des vêtements d'un Européen moderne, stylisé à l'époque baroque avec des éléments nationaux. Le phénomène de la « reine des cœurs », la princesse Diana (1961-1997) est comparé à l'activité de la reine prussienne Louise, qui a vécu au tournant des XVIIIe et XIXe s. L'un des objets les plus précieux, la gondole vénitienne du 1910, n'est pas uniquement un symbole de communication et de romantisme, mais aussi des problèmes causés par le tourisme de masse. Il vaut également la peine de jeter un œil aux présentations de peuples peu connus, comme les Tatars de Crimée ou les Lapons.

Arnimallee 25 @ www.smb.museum
mar.-ven. 10h-17h, sam.-dim. 11h-18h
€ 8 € (4 €)

4 Dorfkirche Dahlem

L'église Sainte-Anne de Dahlem est l'un des plus anciens et plus beaux exemples de l'architecture religieuse rurale à Berlin.

Aujourd'hui, Berlin compte 44 églises rurales (Dorfkirchen). Celle de Dahlem, en raison de son histoire, son architecture et son intérieur, est la plus visitée. L'édifice, en pierre et brique, fut construit au XIVe s. À l'intérieur, les fresques médiévales comptent parmi les plus anciennes de Berlin (XIVe s.). Sur l'autel, la peinture datant du XVe s. représente la crucifixion du Christ. N'oublions pas les œuvres contemporaines, comme le poignant *Triptyque pour Auschwitz* (*Triptychon für Auschwitz*), réalisé par

Doris Pollatschek, une artiste allemande d'origine juive.

Königin-Luise-Straße 55 @ www.kg-dahlem.de sam.-dim. 12h-14h
€ entrée gratuite

5 Musée Brücke

Le groupe artistique « Die Brucke » (« Le pont ») fut fondé par les étudiants de Dresde. Leurs travaux exposés dans le musée représentent la plus importante collection d'œuvres des expressionnistes allemands du pays.

On y voit des peintures et des sculptures d'Ernst Ludwig Kirchner, Erich Heckel, Fritz Bleyl et bien d'autres. Les collections de Brücke Museum comptent 400 peintures et plusieurs milliers de dessins et estampes, gravures sur bois et aquarelles. Les expressionnistes allemands s'inspiraient de l'œuvre de Vincent van Gogh et d'Edvard Munch. Quant aux thèmes, ils faisaient surtout référence à l'homme, à la ville et aux paysages. Ces peintures se caractérisaient par des couleurs vives et contrastées, la déformation des silhouettes et les contours en gras.

Bussardsteig 9 @ www.bruecke-museum.de mer.-lun. 11h-17h
€ 6€ (4€)

↑ *Artistin (Marcella)* de Kirchner est une des pièces les plus précieuses du musée Die Brücke.

6 Pavillon de chasse de Grunewald

Pendant des siècles, ce petit pavillon de chasse au bord de la Grunewaldsee servit aux Hohenzollern de pavillon de chasse.

Au-dessus de l'entrée principale du palais baroque (Jagdschloss Grunewald) se trouve un relief en pierre avec deux cerfs qui s'affrontent et une inscription indiquant la maison « Au bois vert » (« Zum Gruenen Walde »). C'est ainsi que l'on appelle le bois qui entoure le palais – Grunewald. Après la prise du palais par l'État en 1932, on y ouvrit un musée présentant une collection de peintures. Aujourd'hui, on y trouve la plus grande collection de peintures de Lucas Cranach (celles de l'Ancien et celles du Jeune) à Berlin.

Hüttenweg 100 @ www.spsg.de
mai-oct. mar.-dim. 10h-17h30
€ palais 6€ (5€)

Wannsee

Wannsee ressemble à une station estivale suburbaine. Durant l'été et les jours fériés, c'est un endroit privilégié pour les Berlinois, qui viennent s'y promener au bord de la rivière ou des lacs.

1 **Port de plaisance de Wannsee** ➔110
2 **Lacs de Wannsee** ➔110
3 **Villa de Max Liebermann** ➔111
4 **Haus der Wannsee Konferenz** ➔111
5 **Île aux Paons** ➔112

Schwanen-werderbr.
Wannseebadweg
Die Breite
Strandbad Wannsee
Am Großen Fenster
Badeweg
Gr. Tiefehorn
Kl. Tiefehorn
Eulenbruch
Heckeshorn
Am Großen Wannsee
Tiefhornweg
Seehaase
Löwendenkmal
ehem. Helios Klinikum E.-v.-Behring Lungenklinik Heckeshorn
Haus der Wannsee-Konferenz
WSW Nordsteg
Wannsee
Zum Heckeshorn
Colomierstr.
Liebermann Villa (Max-Liebermann-Mus.)
Villa Thiede
Yacht-Club von Deutschland
Schweden-pavillon
Grosser Wannsee
Koblanckstr.
Don-Bosco-Steig
Neuer Friedhof Wannsee
Lindenstr.
Hermann-str.
Bergstr.
Seglerweg
Straße zum Löwen
Am Großen Wannsee
American International
Lit.-Colloq.-Berlin
Bootswerft Ruhs
Yachthafen am Gosser Wannsee
Anlegestelle Wannsee
Wannsee-br.
Ronnebypromenade
Am Sand-werder
KRONPRIN
Braschzeile
Hugo-Vogel-Str.
Herwarthstr.
Kyllmannstr.
Endestr.
Emil-Fischer-Str.
Kaiserstr.
Conradstr.
Petit
KÖNIGSTRAßE
1
Gustav-Hartm.-Pl.
Reichs-bahnstr.
Dreilin
Sauerbruchstr.
Seylerstr.
Immanuel-Krkhs. Wannsee
Conradstr.
Wernerstr.
Kleistgrab
Bismarckstr.
S7
Rev.-Försterei Dreilinden
0 200 400 m

Le quartier Wannsee, semblable à une station estivale, conserve son élégance d'origine. En saison, on peut y pratiquer des sports nautiques.

1 Port de plaisance de Wannsee

Si on a envie d'une croisière autour de Wannsee ou vers Potsdam, c'est ici qu'il faut se rendre.

Depuis Wannsee, il est possible d'embarquer pour une croisière sur les sept lacs (7-Seen-Rundfahrt), avec vue sur le Glienicker Brücke, le légendaire pont d'échange d'espions pendant la Guerre froide. Une rapide croisière de 15 minutes vers l'autre côté du lac, jusqu'au quartier de Kladow, est effectuée par le ferry municipal F10. Ceux qui n'aiment pas naviguer apprécieront davantage le parc voisin et sa petite terrasse d'observation, que domine la sculpture d'une allégorie de la Prusse – Borussia.

Kronprinzessinnenweg 5

Au bord du Wannsee se trouve l'un des plus anciens jardins à bière de Berlin – Loretta am Wannsee (Kronprinzessinnenweg 260). On y côtoie des excursionnistes et des cyclistes qui s'arrêtent ici sur le chemin vers Potsdam. Sont disponibles une aire de jeu et une table de ping-pong pour enfants.

2 Lacs de Wannsee

Riche d'une tradition centenaire, le complexe récréatif situé sur les lacs de Wannsee compte parmi l'ensemble nautiques intérieurs les plus grands d'Europe.

Au bord du lac Großer Wannsee, la vaste plage d'une longueur de 1 275 m peut accueillir jusqu'à 35 000 visiteurs. Le complexe historique composé de bâtiments non résidentiels, construit entre 1929 et 1930 et entièrement préservé, s'étend sur 0,5 km le long de la côte.

Wannseebadweg 25 (10 min à pied depuis l'arrêt de bus ou la station de S-Bahn)
www.strandbadwannsee.de
mai-août lun.-ven. 10h-19h, sam.-dim. 8h-20h € 5,50 € (3,50 €)

3 Villa de Max Liebermann

Depuis les fenêtres de la maison d'été du peintre Max Liebermann, on peut aujourd'hui admirer le même paysage qui inspira l'artiste il y a un siècle.

Max Liebermann est considéré comme l'une des figures de proue de l'impressionnisme allemand. Liebermann Villa Am Wannsee apparaissait souvent dans ses peintures. Grâce à celles-ci, ainsi qu'aux photographies et aux descriptions de l'artiste, on a pu reconstituer fidèlement son vaste jardin, avec l'ancien pavillon et le salon de thé.

Aujourd'hui, le bâtiment abrite un musée dédié à Liebermann. Le rez-de-chaussée accueille une exposition avec des informations sur l'histoire de la maison et de la famille, tandis qu'à l'étage on peut admirer environ 40 peintures, pastels et estampes du peintre-graveur.

Colomierstraße 3
www.liebermann-villa.de
avr.-sept. mer.-ven. 10h-18h, oct.-mars mer.-ven. 11h-17h € 10€ (6€)

4 Haus der Wannsee-Konferenz

Le 20 janvier 1942, dans cette villa aristocratique du début du XXe s. se tint une réunion de dignitaires nazis, appelée « conférence de Wannsee ».

Le sujet de la conférence : le plan d'Hitler pour exterminer tous les juifs d'Europe. Au cours de la réunion de quelques heures, 15 représentants des ministères, organismes gouvernementaux et de la SS débattirent sur les actions à entreprendre par les institutions centrales impliquées dans la solution finale de la question juive en Europe.

Depuis 1992, la maison de la conférence de Wannsee est un lieu

La villa Max Liebermann et son jardin remis en état comme il y a cent ans.

de mémoire et d'éducation historique. On peut y voir une exposition sur les questions liées à l'Holocauste. Le point central de la visite est l'an-

Le palais d'été de Friedrich Wilhelm II est surtout associé à l'île aux Paons.

cienne salle à manger, où s'est tenue la réunion.

Am Großen Wannsee 56-58
www.ghwk.de t.l.j. 10h-18h
entrée gratuite

5 Île aux Paons

La réserve naturelle située sur l'île aux Paons figure sur la liste du patrimoine mondial, culturel et naturel de l'UNESCO. Sans surprise, les paons sont les principaux habitants de l'île.

C'est Frédéric-Guillaume II de Prusse (1786-1797) qui découvrit Pfaueninsel. Cent ans auparavant, en 1685, son ancêtre, le Grand Électeur, fit don de cette île à l'alchimiste de la cour, Johann Kunckel, qui y fit construire un laboratoire et une verrerie. Les bâtiments brûlèrent en 1689 – le lieu de leur emplacement est marqué d'une pierre commémorative. Aujourd'hui, on peut voir les créations en verre et les traces des expérimentations alchimiques dans l'ancienne laiterie.

L'édifice le plus caractéristique de l'île est le petit palais d'été, construit entre 1794 et 1796 pour Frédéric-Guillaume II et sa maîtresse, Wilhelmine Encke. La résidence est bien conservée. Signalons le « cabinet tahïtien », dont la peinture au plafond rappelle le toit d'une hutte en bambou, tandis que le plancher, réalisé à partir de neuf types de bois, représente la vue en coupe d'un tronc de palmier.

Parallèlement à la construction du palais, mais à l'autre bout de l'île, on érigea un bâtiment qui ressemble aux ruines d'un monastère gothique. Celui-ci servit de laiterie. La salle de réception, située au premier étage, impressionne toujours les visiteurs par ses somptueuses décorations. On peut également jeter un coup d'œil sur les lieux d'aisance du roi comprenant une toilette portative originale.

Frédéric-Guillaume III (1797-1840), le dernier de la famille royale qui résida sur l'île aux Paons en été, en fit une véritable oasis pour les animaux et les plantes exotiques. Après la mort du souverain en 1840, sa « collection » fut transférée à Berlin où l'on ouvrit le zoo. La volière datant de 1834 avec des paons et d'autres oiseaux exotiques est l'un des rares vestiges de cette période.

Nikolskoer Weg
www.spsg.de
palais et ferme (laiterie) : temporairement fermés ferryboat 6 € (5 €), nov.-fév. t.l.j.10h-16h, mars t.l.j. 10h-18h, avr.-sept. lun.-ven. 10h-18h, sam.-dim. 9h-19h ; attention au dernier départ du ferryboat

Informations pratiques

Grâce à des transports en commun très efficaces et un réseau dense de location de vélos, se déplacer en ville ne pose pas de difficultés.

Aéroport de Berlin Brandebourg

Comment y aller ?

En avion

Des vols directs reliant Paris (environ 1h50 de vol) à Berlin sont assurés par des compagnies aériennes régulières, telles qu'Air France (www.airfrance.com) et Lufthansa (www.lufthansa.fr) ainsi que par des compagnies low cost comme EasyJet (www.easyjet.com) ou Germanwings (www.germanwings.com). Acheté à l'avance, un billet aller-retour auprès des compagnies régulières coûte au minimum 120€, et chez les low cost 60€ et moins.

Accès au centre-ville depuis l'aéroport de Berlin Brandenburg

Les terminaux T1 et T2 donnent accès à la gare Flughafen BER, d'où partent des trains longue distance et régionaux. Les trains régionaux, y compris l'express de l'aéroport (FEX, Flughafen-Express), partent t.l. 15 min. Il est également possible d'utiliser les trains urbains S9 et S45. Les trains circulent de 4h à 1h, le soir et le matin moins souvent. Le trajet en train régional jusqu'à la gare principale (Berlin Hauptbahnhof) dure 30 min, en train urbain 45 min. Des arrêts de bus et une station de taxis permettent également de se rendre en ville.

L'aéroport BER est situé dans la zone C de Berlin ; avant de se rendre au centre-ville, il faut donc acheter des billets valables pour les zones ABC ou BC. L'aller simple, avec les transferts, peut prendre jusqu'à 2h et coûte 3,80 € (ABC) ou 3,50 € (BC). Des billets pour 24 heures et des billets multiplaces sont aussi disponibles. Les titres de transport peuvent être achetés aux distributeurs automatiques du stand d'information touristique de Berlin Brandebourg ou dans le bus auprès du chauffeur. La station de taxis est située devant l'entrée principale du terminal 1. Un trajet vers le centre-ville jusqu'à la place Alexandre ou la porte de Brandebourg coûte env. 50 €. On peut commander un taxi au +49-30-202020.

En train

Des trains quotidiens permettent de se rendre de Paris à Berlin. Le trajet en journée au départ de Paris-Est ou Paris-Nord, avec un ou deux changements, est plus rapide (environ 9h) – l'aller simple s'achète à partir de 200 €. Si on achète à l'avance, les prix sont plus bas. Toutes les informations sur www.sncf-connect.com.

En car

La compagnie Flixbus assure la liaison entre Berlin et plusieurs villes françaises : Paris, Lille, Reims, Rennes, Le Mans, Lyon entre autres. Le trajet au départ de Paris dure env. 14 heures et coûte à partir de 80 € (prix simple). Plus d'infos sur : global.flixbus.com.

En voiture

La distance la plus courte entre Paris et Berlin est d'env. 1 060 km, ce qui correspond à une dizaine d'heures d'autoroute. En sortant de Paris, on prend l'Autoroute du Nord A1, puis l'A2 suivie de l'E42 en direction de Charleroi et on continue vers Namur, Cologne, Hanovre, Braunschweig, Magdebourg, Potsdam et Berlin. Les autoroutes allemandes ne sont pas payantes, et il n'y a pas de limitation de vitesse. N'oubliez pas d'emporter un éthylotest, désormais obligatoire dans chaque véhicule.

La zone écologique

À Berlin s'applique le règlement de la « zone écologique ». Pour y pénétrer, vous devez avoir une vignette « écologique » confirmant le niveau autorisé d'émissions de particules (EURO 4 et plus). Ces « écopastilles » sont à acheter dans la plupart des stations de contrôle du Brandebourg ou à Berlin (DEKRA, TÜV). Les vignettes sont à 5 €, ce prix n'inclut pas les frais perçus par la station (0,50-2 €). Entrer dans la zone éco sans vignette valable est passible d'une amende de 40 €.

Transports en commun

L'agglomération de Berlin est divisée en trois zones tarifaires : A (correspondant à la boucle du S-Bahn), B (limites administratives de la ville) et C (localités environnantes du Brandebourg). Dans les transports en commun berlinois, le même type de billet s'applique, mais les prix varient en fonction de la zone (AB, BC ou ABC). Le meilleur choix pour circuler librement toute une journée est un billet de 24h (prix : 9,50 €, zones AB et 10,70 € zones ABC). Les allers simples, valables 2 heures correspondances comprises, sont à 3,20 € (AB) et 4 € (ABC). Des allers simples sont disponibles pour les trajets courts ou valables sur les ferries (sauf le F10), dans le métro et le réseau ferré jusqu'à trois arrêts (bus et tramways jusqu'à six arrêts) – prix : 2,20 €. La formule hebdomadaire est de 39 € (AB) et 46 € (ABC). Les billets sont à acheter auprès du chauffeur de bus, dans les distributeurs automatiques et points de vente marqués VBB (Verkehrsverbund Berlin-Brandenburg) et BVG (Berliner Verkehrsbetriebe). Une option de plus en plus populaire est l'achat de billets via l'application mobile BVG Ticket-App. Détails de l'offre VBB : www.bvg.de.

Bus

Les lignes express sont signalées par un X suivi d'un numéro. Les lignes

100 (d'Alexanderplatz à Zoologischer Garten) et 200 (de Michelangelosstraße dans le quartier Prenzlauer Berg jusqu'au Jardin zoologique), et encore 300 (trajets riches en sites touristiques, du centre jusqu'à la gare de l'Est et East Side Gallery) sont aussi attractifs.

Métro (U-Bahn)

Berlin a neuf lignes de métro. Les trains circulent de 4h30 à 0h30, t.l. 5-10 min (t.l. 4-5 min en journée). Les stations du métro sont marquées d'une lettre blanche U sur fond bleu.

MetroNetz

MetroNetz (réseau du « métro ») comprend 18 lignes de bus et 9 lignes de tram, marquées de la lettre M suivie d'un numéro. Les arrêts de départ ainsi que les terminus sont situés dans les stations U-Bahn et S-Bahn.

Tramways

Le réseau des trams se concentre dans la partie est de la ville et comprend 22 lignes.

Transport nocturne (Nachtnetz)

Les bus de nuit et les bus et trams du réseau MetroNetz circulent toute la nuit. Ils portent le même numéro que leurs « homologues de jour » desservant les mêmes trajets, sauf la lettre N, propre aux bus de nuit. Dans la nuit du vendredi au samedi, du samedi au dimanche et la nuit précédant un jour férié, le métro circule également. Le week-end, le S-Bahn est également en service.

RER berlinois (S-Bahn)

Le S-Bahn (Stadtbahn) regroupe un total de 16 lignes de trains urbains rapides pour vos déplacements au centre et à la périphérie de la ville. Du lundi au vendredi, les trains circulent de 4h à 1h du matin et le week-end 24h/24. Les stations sont marquées d'un S blanc sur fond vert (www.s-bahn-berlin.de).

Ferry (Fähre)

Parmi six lignes, trois sont des lignes saisonnières (mars-sept.). La F10 est la plus prisée, sa traversée incluant le lac de Wannsee.

Vélos

Plus de 90 % des rues sont dotées de pistes cyclables. À proximité des gares et aux principaux carrefours se trouvent des stations de vélos en libre-service Call a Bike. En appelant le numéro indiqué sur le vélo, vous obtenez un code d'accès qui permet de détacher votre bicyclette. Les frais sont débités de votre carte de crédit (plus de détails sur www.callabike.de). Autres agences : Fahrradstation (www.fahrradstation.de), Pedalpower (www.pedalpower.de).

Voiture

La vitesse en agglomération est limitée à 50 km/h. En raison des embouteillages et travaux fréquents, il vaut mieux utiliser les transports en commun. Aux sorties des autoroutes, à proximité des stations de métro ou des S-Bahn se trouvent des parkings gratuits Park&Ride. Les frais de stationnement dans le centre-ville sont de 2 €/h. Les « zones de stationnement restreint » sont indiquées par le panneau parking avec horodateur. Il faut ensuite apposer un disque de stationnement (disponible dans les stations-service) en indiquant l'heure de départ.

Les agences de location de voitures se trouvent dans les aéroports et à la Gare centrale (Hauptbahnhof). Les grandes entreprises ont aussi de nombreux bureaux en ville. La liste des adresses est à consulter sur : AVIS (www.avis.de), Budget (www.budget.de), Europcar (www.europe-car.de). Autres : Hertz (www.hertz.de), National-car (www.nationalcar.de).

Taxi

Le tarif est uniformisé entre les différentes sociétés : la prise en charge est de 4,30€, la course jusqu'à 3 km coûte 2,80€, de 3 à 7 km 2,60€, et au-delà de 7 km 2,10 €/km. Les transporteurs les plus sollicités : Quality Taxi, TaxiFunk Berlin TZB GmbH (tél. : 44-22-33), City-Funk. Service +49-30-202020 lub +49-30-202021220 (en ang.) Plus d'infos : www.taxi-in-berlin.de.

Documents nécessaires

Pour entrer en Allemagne, il suffit d'une carte d'identité ou d'un passeport valable. Selon la loi allemande, il faut toujours avoir une pièce d'identité sur soi.

Douane

Il n'existe pas de limitation des quantités d'achats transportés entre les pays de l'UE, à condition que les marchandises soient destinées à un usage personnel (et non à la vente). Mais en emportant en Allemagne plus de 10 l de boissons spiritueuses ou plus de 90 l de vin ou 110 l de bière, il pourra vous être demandé de démontrer que les produits achetés sont effectivement destinés à un usage personnel.

Où dormir ?

Hormis les campings, Berlin offre près de 140 000 places d'hébergement dans plus de 700 établissements. Le prix du camping par adulte et par nuit est de 9-12€, monter une tente : 5-7€. Dans les auberges de jeunesse avec salle de bains et cuisine partagées, une chambre simple coûte 30-35€, et un lit dans une salle commune est à partir de 10-12€. Les hôtels et chambres d'hôtes d'une classe inférieure proposent des chambres simples avec salle de bains partagée pour 40-45€. Le prix d'une chambre double dans un hôtel deux étoiles du centre est de 60-70€. Louer un appartement dans le centre-ville pour 1-3 personnes vous coûtera 100-120€ par jour. Les prix par nuit et par personne dans un hôtel de luxe débutent à 70-80€. Lors des foires, il peut être difficile de trouver un hébergement, pensez à réserver à l'avance.

Offices de tourisme

Il existe quatre principaux offices de tourisme à Berlin (Berlin Tourist Info). À l'aéroport de Berlin, l'office de Berlin Brandebourg est situé dans le terminal T1, au niveau E0 (t.l.j. 9h-21h). Dans le bâtiment de la gare centrale (Berlin Hauptbahnhof), l'office est situé à la sortie d'Europaplatz (t.l.j. 8h-21h). D'autres offices se trouvent dans le pavillon de la porte de Brandebourg (t.l.j. 10h-18h) et dans le bâtiment du Humboldt Forum (t.l.j. 10h-18h). La liste des points d'information des différents quartiers de Berlin est disponible sur le site www.visitberlin.de.

Ambassade

Ambassade de France :
Pariser Platz 5, 10117 Berlin
Tél. [49] (30) 590 03 91 00
lun.-ven. 9h-12h
(mer. aussi l'après-midi 14h-16h30)
www.ambafrance-de.org/-Berlin-

Urgences

- Police : 110

- Sapeurs-pompiers : 112
- SAMU : (+49) 30 31 00 31
- Assistance automobile (ADAC) : (+49) 18 02 22 22 22

Téléphone

L'indicatif pour appeler Berlin depuis la France est le (+49) 30. En Allemagne, il y a quatre réseaux mobiles : Telekom, Vodafone et Telefónica (O2). Les cartes SIM s'achètent dans des agences et points de vente. Les offres prépayées (Aldi Talk, Lidl Connect, Blau, Congstar) sont disponibles dans les supermarchés, kiosques et stations-service.

Internet

En comparaison avec des villes françaises, les données mobiles marchent moins bien et uniquement dans des endroits sélectionnés. Pour se connecter au réseau, il est préférable d'aller dans un centre commercial, un café ou une gare. Il n'y a aucun problème d'accès dans les hôtels et les auberges (mais le wifi peut être payant).

Cartes de réduction

Les cartes de réduction les plus populaires et les plus facilement disponibles sont la Berlin WelcomeCard et la CityTourCard. La Berlin WelcomeCard donne droit à des réductions allant jusqu'à 50 % chez près de 180 partenaires à Berlin et Potsdam. Elle comprend également un billet de transport en commun pour la période sélectionnée. Elle est disponible de 48h à 6 jours en Zone AB (24-50 €) ou ABC avec Potsdam (29-53 €). La variante dite « Museumsinsel » de cette carte garantit pour 72h l'entrée gratuite aux expositions permanentes de l'Île aux Musées (52-55 €). Une carte BASIC de 72h (sans billet de transport en commun) ne coûtera que 9 €. Il existe également une carte « all inclusive », avec laquelle on a l'accès à une trentaine d'attractions sans frais supplémentaires. Différentes options horaires sont disponibles, transports en commun inclus ou non (69-169 €, www.berlin-welcomecard.de). La carte CityTourCard est moins chère, mais le nombre de ses partenaires proposant des réductions est limité à 34 (www.citytourcard.com).

Santé

Pour bénéficier des services médicaux dans les pays membres de l'UE, ainsi que sur le territoire de la Norvège, de l'Islande et de la Suisse, il faut posséder une carte européenne d'assurance maladie (CEAM). Il est recommandé de la demander trois semaines avant le départ puisqu'elle s'obtient avec un délai de deux à trois semaines ; en cas de demande tardive, vous pourrez recevoir un certificat provisoire de remplacement. Pour l'obtenir, il faut s'adresser à sa caisse d'assurance maladie. La carte assure la prise en charge des dépenses de soins médicaux imprévus et nécessaires. En cas d'avance de frais, vous devez envoyer les factures à l'organisme conventionné auquel vous êtes affilié, pour qu'il examine les conditions de remboursement. Plus d'infos sur : www.cerfa.gouv.fr.

Langue et culture

La langue officielle est l'allemand. Dans la plupart des hôtels, musées ou gares, on peut communiquer en anglais. À noter : la sensibilisation des Allemands à l'environnement et à la nécessité de trier les déchets. Dans la rue, attention à ne pas marcher sur la voie réservée aux cyclistes.

Berlin, édition française

Édition originale élaborée à partir du texte de Joanna Maria Czupryna pour le guide *Berlin 3w1*.

Traduction : Rainer Schindler, Lidia Konasiuk

Rédaction : Anna Nowakowska

Rédaction de cette édition: Kamila Kubiak

Relecture-correction : relu-et-corrige.com

Cartographie : Michał Kaczanowski, Justyna i Adrian Bajer, Katarzyna Citko, Karolina Zakrzewska, Sylwia Włodek, Aneta Rupniewska, Dominika Kalińska, Agnieszka Szopa, Sylwia Czubaszek

Rédaction et réalisation éditoriale des cartes : Marta Gosiewska

Crédit photographique : Shutterstock.com/Pavel Sepi (p. 4–5), Shutterstock.com/Santi Rodriguez (p. 6–7), Shutterstock.com/Kutsenko Volodymyr (p. 8–9), Shutterstock.com/hanohiki (p. 10–11), Shutterstock.com/stockcreations (p. 12–13), Shutterstock.com/travelview (p. 15 en bas), Shutterstock.com/TTstudio (p. 15 en haut), Katarzyna Marcinkowska (p. 18 à d., 24 en haut, 30, 31 en bas, 41, 45 en bas, 48 à d., 49 à d., 50, 51, 58, 61, 63, 70, 76, 81, 86, 107 en bas, 111 środek i en bas), Shutterstock.com/peter jesche (p. 18 à g.), Shutterstock.com/STLJB (p. 19, 48 à g.), Fotolia.com/jamesdugan (p. 20 à d.), Shutterstock.com/Pani Garmyder (p. 20 à g.), Shutterstock.com/Werner Spremberg (p. 21, 39 en haut, 74, 75, 89 en haut), Shutterstock.com/Mistervlad (p. 22, 37, 59 en haut), Fotolia.com/rebellion (p. 23), Shutterstock.com/Patryk Kosmider (p. 24 en bas), Shutterstock.com/In Green (p. 25 en haut), Shutterstock.com/Kiev.Victor (p. 25 en bas), Shutterstock.com/Yevgen Belich (p. 27, 31 en haut), Shutterstock.com/WorldWide (p. 28), Shutterstock.com/Karolis Kavolelis (p. 29 à g.), SShutterstock.com/1take1shot (p. 29 à d.), Shutterstock.com/ariy (p. 34), Shutterstock.com/ArTono (p. 35, 95 en haut), Shutterstock.com/Borisb17 (p. 36), Shutterstock.com/Oleg Senkov (p. 38), Shutterstock.com/Sergey Kohl (p. 39 en bas), Shutterstock.com/Michael Persson (p. 42), Shutterstock.com/Alex Segre (p. 43), Stefan Mueller/Helmut Newton Foundation (p. 44), Shutterstock.com/bodrumsurf (p. 45 en haut), Shutterstock.com/SAHACHATZ (p. 49 à g.), Shutterstock.com/360b (p. 52), Shutterstock.com/Scharfsinn (p. 53 en bas), Shutterstock.com/frantic00 (p. 53 en haut), Shutterstock.com/Mo Photography Berlin (p. 56, 69 à g., 89 en bas, 99, 101 en bas, 104 à g., 105, 111 en haut), Fotolia.com/Markus Gann (p. 57), Shutterstock.com/Ivo Pop (p. 59 en bas), Shutterstock.com/LukeOnTheRoad (p. 62), Shutterstock.com/ANGHI (p. 64), Shutterstock.com/trabantos (p. 65 en haut), Shutterstock.com/goldnetz (p. 65 en bas), Shutterstock.com/canadastock (p. 68), Anne Frank Zentrum (p. 69 à d.), Shutterstock.com/Kevin George (p. 71 en bas), Shutterstock.com/Nizz (p. 71 en haut), Shutterstock.com/Nicole Kwiatkowski (p. 73), Shutterstock.com/Ewa Studio (p. 77 en haut), Shutterstock.com/foto-select (p. 77 en bas), Shutterstock.com/andersphoto (p. 80), Shutterstock.com/Marina Datsenko (p. 82), Shutterstock.com/Kristof Bellens (p. 83 en haut), Shutterstock.com/Songphon Maharojanan (p. 83 en bas), Shutterstock.com/Diego Gorzalczany (p. 87 à d.), Shutterstock.com/Carlos Neto (p. 87 à g.), Shutterstock.com/Luciano Mortula - LGM (p. 88), Fotolia.com/Tom (p. 92), Shutterstock.com/immodium (p. 93), Shutterstock.com/OldskoolDesign (p. 94 en bas), Shutterstock.com/Massimo Todaro (p. 94 en haut), Shutterstock.com/Drone-Photography (p. 95 en bas), Shutterstock.com/Alexey Fyodorov (p. 97), Shutterstock.com/RODKARV (p. 98 en haut), Shutterstock.com/Sanga Park (p. 98 en bas), Shutterstock.com/Sina Ettmer Photography (p. 100, 107 en haut, 110), Shutterstock.com/ArtMediaFactory (p. 101 en haut), Shutterstock.com/A.Luna (p. 104 à d.), Shutterstock.com/Mo Photography (p. 104 à g.), Brücke-Museum Berlin (p. 106), Shutterstock.com/Christian Draghici (p. 112), Shutterstock.com/meunierd (p. 113 en bas), Shutterstock.com/berlinpictures (p. 113 en haut), Shutterstock.com/4kclips (p. 114)

Édition photo et traitement des images : Bartosz Zieliński

Graphisme et PAO : Michał Zielkiewicz

Conception de la collection : Katarzyna Marcinkowska

Conception graphique de la collection : Katarzyna Marcinkowska, Michał Zielkiewicz

Conception de la couverture : Katarzyna Marcinkowska

Dessins : Aleksandra Kus

Avis aux lecteurs
Malgré le soin que notre équipe de rédaction a apporté à la réalisation et à la vérification du contenu du guide, celui-ci n'est pas à l'abri d'une erreur. Cela concerne notamment les informations pratiques, sujettes à de fréquents changements, qui doivent être considérées à titre indicatif. N'hésitez pas à nous faire part de vos remarques et opinions sur : info@expressmap.fr.